[旅游产业创新与发展丛书]

中国边境旅游

/ 地域系统 /

甘静 徐喆 ◎ 著

本书得到以下资助：吉林省教育厅科技基金项目"耗散结构理论下边境旅游系统（吉林省边境）层级性研究"（JJKH20180789KJ）；吉林师范大学青年基金项目"边境旅游地域系统作用机制研究"（吉师博2016014号）；吉林省社会科学基金项目"吉林省边境旅游资源开发与利用"（2017SB55）

RESEARCH ON THE SYSTEM OF BORDER TOURISM IN CHINA

经济管理出版社
ECONOMY & MANAGEMENT PUBLISHING HOUSE

图书在版编目（CIP）数据

中国边境旅游地域系统/甘静，徐喆著.—北京：经济管理出版社，2018.11
ISBN 978-7-5096-6188-8

Ⅰ.①中… Ⅱ.①甘…②徐… Ⅲ.①旅游业发展—研究—中国 Ⅳ.①F592.3

中国版本图书馆 CIP 数据核字（2018）第 275600 号

组稿编辑：王光艳
责任编辑：许　艳　姜玉满
责任印制：黄章平
责任校对：王淑卿

出版发行：经济管理出版社
　　　　　（北京市海淀区北蜂窝 8 号中雅大厦 A 座 11 层　100038）
网　　址：www.E-mp.com.cn
电　　话：（010）51915602
印　　刷：三河市延风印装有限公司
经　　销：新华书店
开　　本：710mm×1000mm/16
印　　张：12.25
字　　数：188 千字
版　　次：2020 年 8 月第 1 版　2020 年 8 月第 1 次印刷
书　　号：ISBN 978-7-5096-6188-8
定　　价：68.00 元

·版权所有　翻印必究·
凡购本社图书，如有印装错误，由本社读者服务部负责调换。
联系地址：北京阜外月坛北小街 2 号
电话：（010）68022974　邮编：100836

前 言

伴随着全球经济一体化与区域集团化的深远影响，地缘政治通过地缘经济实现对区域的控制权，边境地区由原来的安全、军事、防御功能转向以经济为主要功能的复合区域。边境贸易与边境旅游成为边境地区新的经济增长点，成为承内接外的跨区域经济合作的纽带。边境地区成为和平年代经济发展的替代性新兴经济区，边境旅游成为替代性新兴经济区的先导产业。国家从1997年实施了《边境旅游暂行管理办法》后，从"2001~2010年"，"十一五"、"十二五"和"十三五"的《兴边富民行为规划》都提到发展边境旅游业，"一带一路"倡议提出发展边境贸易与边境旅游合作。可见边境旅游的政策关注度高，边境旅游经济发展热，边境旅游由小众旅游正在发展成为大众旅游。

在传统的边境旅游研究中，大多将时间与空间分离研究：一是以案例地时间节点的实证研究；二是以研究案例地边境旅游资源的开发合作较多。研究区域内边境旅游理论体系的较少，将时间与空间结合，利用定量化的方法探索边境旅游理论体系内外部结构关系的更少。本书以最早发展边境旅游的东北地区为研究区域，从地缘经济、地域经济理论视角探索边境旅游地域系统的理论体系，研究边境旅游地域系统的内涵、特点、组织结构，对边境旅游的合作、发展进行探索性研究。本书共分为八章。

第一章绪论部分阐述了边境旅游地域系统提出的研究背景与聚集问题、研究区域与研究意义。

第二章梳理国内外边境旅游研究进展与理论基础。阐述地缘经济学理论、经济地域运动理论、核心—边缘理论、新经济增长理论、旅游地生命周期理论、系统论、协同论在边境旅游地域系统中的应用。

第三章通过分析边境旅游的供给、需求、效应等研究进展，从地缘经济与地域经济运动论视角探索性地提出边境旅游地域系统的理论框架，界定边境旅游地域系统的内涵、特点、结构关系和类型。

第四章对东北地区边境旅游地域系统进行诊断，结合基础理论与边境旅游经济外向性依赖的特点整合构建了东北地区边境旅游地域系统和空间相互作用的理论框架。东北边境旅游地域系统由东北边境旅游需求子系统、通道子系统、供给子系统组成。东北边境旅游地域系统对内对外的共同作用，通过以边境城市为节点、交通干线、信息通道来分析东北地区边境旅游地域系统的内部联系，整理了东北地区边境旅游地域系统的外部条件（包括东北地区城市旅游经济状况、东北地区资源状态、交通信息条件）和内部组织（旅游需求子系统、供给子系统），分析边境旅游地域系统的影响因素、东北边境旅游资源空间分布特征、边境旅游地域系统呈现的特点、东北地区边境旅游发展阶段，并通过实地调研分析东北边境旅游地域系统的典型区特征。

第五章分析了边境旅游地域系统内部联系。分析东北地区边境旅游地域系统所处的宏观环境、特点。利用经济强度、经济熵、总强度分析2000~2013年东北地区边境城市间的经济作用强度、旅游经济作用强度，得出东北边境城市间的相互作用多以省内边境城市间作用强度为主，与省内中心城市间作用强度最强，而与省际区域中心城市作用次强；边境城市间的省际边境城市作用每年增强，但作用强度相对于中心职能城市较弱；通过总强度（SE）、经济熵（HE），但对比经济熵（HE）发展，东北地区边境旅游地域系统中内部组织结构要远比想象得复杂，边境城市地域系统中尚未形成区域中心城市，通过区域中心城市职能选择得出丹东、通化、牡丹江有成为区域中心的可能。

第六章分析东北地区边境旅游地域系统的对外联系，通过经济联系、旅游联系、城市化水平、旅游溢出分析东北地区城市与边境旅游地域系统间的对外联系。通过区域中心城市职能选择得出八个主要有影响力的边境城市与东北地区四个区域中心职能城市研究边境旅游地域系统内部与外部经济作用，通过 ARCGIS 空间网络分析得出系统对外的经济联系。利用修订的 MUNDEEL-FLEMING 模型和 ARCGIS 空间溢出方法，以城市旅游总收入、价格指数、名义利率、政府实际支出、人均 GDP、城市化水平、第三产业主导性、对外经济联系、旅游资源丰度和旅游酒店指数为指标分析其影响因素及作用机制。旅游资源赋存与旅游接待能力对旅游经济的影响明显，价格指数、名义利率对边境旅游城市的溢出不明显。城市化水平与边境旅游经济的发展关联并不明显，这说明东北地区以及东北边境地区的城市化率的提高并没有对旅游经济产生积极的影响。其深层次的原因可能是由于城市间生活水平的提高，城乡差距变小，降低了城市间特色的凸显，城市间旅游资源同质性增强，限制了旅游经济的发展。但对于城市化水平较低的地区而言，城市化率提升，会促进旅游经济的发展。旅游资源丰度、特色以及旅游基础设施与旅游服务设施是边境旅游发展的重要基础，边境旅游地域系统发展受距离衰减的影响并不显著。

第七章通过对毗邻国家边境旅游政策分析、主要典型跨境经济区、跨境旅游合作模式的分析，提出图们江跨境旅游合作模式。建议东北地区边境旅游地域中边境旅游发展的战略调整方向和进一步的研究方向，以期丰富区域经济地理新的研究方向与边境旅游在区域合作中的深度发展。最后指出了研究中的不足与疏漏之处，并对未来研究进行了展望。

第八章是本书的结论与展望部分。

在本书的研究和撰写过程中，得到了云南师范大学李正副教授，吉林师范大学徐喆副教授，经济管理出版社王光艳女士，责任编辑许艳、姜玉满，校对王淑卿以及陈才教授师门师兄师姐等的全力支持，特别感谢时雨晴博士、王开泳教授、郑月锋副教授的支持，在此，对他们表示衷心的感谢。

由于笔者水平有限，同时本书也是笔者的第一部著作，难免存在文字、数据、资料的错漏和观点、看法的偏颇，敬请相关专家和读者批评指正。

甘 静

2019 年 9 月 28 日于吉林师范大学第六教学楼

目 录

第一章 绪 论 ... 1
一、研究背景 ... 1
二、聚集问题 ... 4
三、研究意义 ... 5

第二章 边境旅游与地域系统研究进展与理论基础 ... 6

第一节 国外边境旅游研究进展 ... 7
一、边境旅游需求研究 ... 7
二、边境旅游供给研究 ... 9
三、边境旅游的合作与冲突研究 ... 9
四、边境旅游的效应研究 ... 12

第二节 国内边境旅游研究进展 ... 14
一、边境旅游需求研究 ... 15
二、边境旅游供给研究 ... 17
三、边境旅游的合作与管理调控研究 ... 18
四、国内边境旅游的效应研究 ... 18

第三节 国内外边境旅游研究的对比分析 ... 19
一、文献时间分布与空间分布 ... 19
二、研究的主要关注点 ... 21
三、研究方法 ... 23

第四节 经典理论在边境旅游研究中的应用·················24
 一、地缘经济理论及应用·················24
 二、经济地域运动理论及应用·················25
 三、核心—边缘理论及应用·················25
 四、新经济增长理论与空间经济学理论及应用·················26
 五、旅游地生命周期理论及应用·················27
 六、系统理论的应用·················28
 七、协同理论及应用·················29

第三章 边境旅游地域系统构成·················31
第一节 边境旅游与边境旅游地域系统概述·················31
 一、边境旅游的界定·················31
 二、边境旅游分类·················33
 三、旅游地域系统的界定·················34
 四、边境旅游地域系统的内涵·················34
第二节 边境旅游地域系统特点·················35
 一、敏感度高与涉外性强·················35
 二、交互共存性、圈层叠加性·················36
 三、多种利益主体·················37
 四、异质性明显·················37
第三节 边境旅游地域系统的结构·················38
 一、要素结构·················38
 二、地域结构·················39
 三、边境旅游地域系统与外部联系·················41
第四节 边境旅游地域系统的类型·················41
 一、从景观地域角度·················41
 二、从经济学角度·················42
 三、从辐射程度与影响力角度·················43

  四、按边境国分类 ·· 43

第五节　边境旅游地域系统的影响因素 ···················· 44
  一、地缘政治关系 ·· 44
  二、边境城市发展水平 ·· 45
  三、边境资源组合与存量 ·· 45
  四、社会历史因素 ·· 45

第四章　东北地区边境旅游地域系统诊断 ················· 46
第一节　东北地区边境旅游发展阶段 ···························· 46
  一、萌芽阶段(1978~1991年)：边境旅游与边境贸易寄生发展 ··· 46
  二、起步阶段(1991~2000年)：边境旅游与边境贸易共生发展 ··· 47
  三、发展阶段(2001年至今)：边境旅游与边境贸易伴生发展 ··· 48

第二节　东北地区边境旅游系统构成 ···························· 48

第三节　东北地区边境旅游系统供给现状 ···················· 50
  一、东北地区边境旅游供给系统构成 ································ 50
  二、东北地区边境旅游资源的类型与数量 ························ 50
  三、旅游资源质量等级 ·· 54
  四、东北地区边境旅游吸引物的特点 ································ 56

第四节　东北地区边境旅游通道系统现状 ···················· 56
  一、东北地区边境旅游区域边而不远，与中心城市之间交通相对便利 ··· 57
  二、东北地区边境旅游的服务设施现状 ···························· 57
  三、东北地区边境旅游的信息宣传效应现状 ···················· 58

第五节　东北地区边境旅游需求系统现状与时空特征 ···· 59
  一、市场现状结构 ·· 61
  二、旅游市场特征 ·· 73

第六节　东北地区边境旅游地域系统典型区诊断分析 ···· 75
  一、典型区概述 ·· 75
  二、调研区域与样本选择 ·· 76

三、调研结果分析 ··· 76

第五章　东北地区边境旅游地域系统内部联系 ···························· 81

第一节　东北地区边境旅游的赋存景观环境 ································ 81
　　一、东北以雄壮的山水格局为依托 ··· 81
　　二、丰富而高等级的自然旅游资源 ··· 81
　　三、悠久而粗犷的人文旅游资源 ·· 82
　　四、高等级的旅游景区、自然保护区集中在边境地区 ··················· 83

第二节　东北地区边境旅游地域系统的特点 ································ 84
　　一、旅游资源分布具有等级集中性，整个地域系统呈条带状 ·········· 84
　　二、地域结构呈现多圈层化与互斥化 ······································· 85
　　三、边贸（外向性）与城市化（依赖性）相互依存 ······················ 85
　　四、敏感性与神秘性明显 ·· 85

第三节　东北地区边境旅游地域系统的相互作用 ························· 86
　　一、边境旅游城市体系的空间结构特征 ····································· 86
　　二、指标体系构建 ··· 88
　　三、数据来源 ··· 89
　　四、边境旅游地域系统城市内部作用 ······································· 89
　　五、边境城市旅游经济联系总强度分析 ····································· 97
　　六、边境旅游地域系统中边境城市的等级层次 ···························· 98

第六章　东北地区边境旅游地域系统的溢出效应 ························ 100

第一节　东北地区边境旅游地域系统外部环境 ··························· 100
　　一、边境城市是基点也是对外联系的源点 ································ 100
　　二、边境城市空间网络结构 ··· 101

第二节　边境旅游地域系统对东北地区的经济作用 ····················· 102
　　一、对外联系测度与 ArcGIS 网络分析 ···································· 102
　　二、对外经济作用强度分析 ··· 106
　　三、对外联系层次结构分析 ··· 110

第三节　边境旅游城市化发展与边境旅游系统的协同发展 116
　一、城市化指标选取 116
　二、数据来源 117
　三、测度结果分析 118
　四、作用机制 125

第四节　东北地区边境旅游地域系统的经济溢出效应分析 129
　一、边境城市与中心职能城市间的旅游经济溢出模型 129
　二、数据来源与处理 131
　三、溢出分析 132

第七章　东北地区边境旅游系统的发展与对策建议 143

第一节　边境旅游发展政策与合作模式 143
　一、东北地区边境旅游政策现状 143
　二、东北地区边境旅游跨境合作现状 146
　三、国外边境跨境合作模式 147
　四、图们江跨境旅游合作模式 151

第二节　东北地区边境旅游地域系统发展战略 152
　一、管理机制与政策创意战略 152
　二、旅游与贸易互动发展的战略 153
　三、跨区域、跨国合作的战略 153
　四、区域特色战略 154
　五、产业协同发展战略 154

第三节　东北地区边境旅游发展建议 154
　一、从只挣"过路钱"转向建立边境城市旅游综合体 154
　二、由有"路"不"通"转向边境旅游通道"无障碍" 155
　三、从边境城市"单打"转向跨区域合作 156
　四、从等待政策体制转向自主创新"政策体制" 156

第八章 结论与展望 157
一、本书主要结论 157
二、主要创新点 159
三、研究局限与未来研究展望 159

参考文献 161

附录 东北地区边境旅游调研问卷 176

第一章
绪　论

一、研究背景

（一）边境地区的功能转向

从国际大背景来看，边境地区功能由单一阻碍功能转向多重功能的中介地区。全球化成为一个重组的过程，而旅行和旅游正是全球化过程的原因和结果。随着世界经济的快速发展以及区域经济一体化程度的不断提高，经济发展成为各国发展的主旋律，各国也迫切地寻找冲破传统经济热点区的替代性新兴经济区，地缘经济时代开始到来，此时边境地区由传统的政治壁垒转换为跨区域合作的媒介区，天然地成为和平年代经济发展的替代性新兴经济区，边境地区由原来的安全、军事、防御功能转向以经济为主要功能的复合区域。边境贸易与边境旅游成为边境地区新的经济增长点，成为承内接外的跨区域经济合作的纽带。

（二）边境地区的政策转向

从国内政策发展来看，边境地区对边境旅游由冷关注地区转向为热点地区。边境地区成为中国当下最活跃的政治空间与经济地带。在20世纪90年代以及21世纪初期，边境地区边境贸易占主导地位，但从2000年后，边境贸易与边境旅游相互发展，而国家对边境地区的政策持续加强，特别是对边境旅游方面的政策。2001~2010年全国兴边富民行动规划纲要提出要进一步利用好丹东、珲春、黑河、绥芬河、满洲里等沿边开放城市与东北亚的区位条件，重点对俄、蒙、朝等国家边境贸易。"十一五"兴边富民行动规划（2005—2010年）提出促进边境贸易发展，带动边民致富和地方增收、大力发展口岸经济，发展边境旅游，促进出入境旅游健康发展。"十二五"兴边富民行动规划（2011~2015年）强调要挖掘边境地区传统文化资源、打造特色文化品牌，依托边境旅游资源开展重点边境旅游景区和边境特色的旅游线路，鼓励发展边境旅游等。2012年4月中国图们江区域（珲春）国际合作示范区经国务院批复设立。2013年9月7日中国首次提出"一带一路"倡议，提出了加强政策沟通、道路联通、贸易畅通、货币流通、民心相通，共同建设"丝绸之路经济带"的战略倡议；边境发展的贸易往来催生了边境旅游的发展。2015年东北老工业基地的再振兴，靠投资驱动的增长模式难以为继、国有经济所占比重较高、第三创新能力较弱，产业转型、向高新技术和现代服务业转型升级势力在必行，边境旅游的发展有了新的支持。

（三）边境地区的旅游转向

从国内旅游占比总量来看，边境旅游由小众旅游区转向大众旅游区。从2006年开始，五年间我国边境县域旅游总收入占GDP的比重从9.24%提升了1.28%。边境县域旅游收入占GDP 30%以上地区由原来的9个（具体是满洲里、阿尔山、二连浩特、丹东、河口瑶族自治县、盈江县、布尔津县、景洪市、瑞丽市）上升为14个（具体是东兴市、勐腊县、宽甸县、腾冲县、潞西市、凭祥市、景洪市、阿尔山、二连浩特、河口瑶河、瑞丽市、布尔津县、盈江县、满洲里），比2006年提高了5个；边境县域旅游收入占GDP 15%~30%的地区提高到13个，比原来增加7个边境地区。东北地区边境县域旅游收入占全国边境县域旅游收入的35%。

通过2013年中国旅游统计年鉴数据发现我国的边境旅游地区，共有旅游景区1595个，其中5A级旅游景区28个（见表1-1）。东北地区（含黑龙江省、吉林省、辽宁省、蒙东地区）景区总数966个，无论是5A级旅游景区数量还是旅游景区总数上，东北地区的边境旅游景区都位居全国第一[①]。

表1-1　主要边境省份旅游景区总数

省份	旅游景区总数	AAAAA	AAAA	AAA	AA	A
内蒙古	215	2	49	88	75	7
辽宁省	365	4	57	125	155	24
吉林省	246	3	65	119	51	8
黑龙江省	140	3	23	56	56	24
广西壮族自治区	191	3	95	72	21	0
云南省	151	6	55	36	48	6
新疆维吾尔自治区	287	7	50	103	109	18

资料来源：《中国旅游统计年鉴2014》。

（四）东北地区边境旅游的阶段转向

从区域竞争力与区域响应上来看，东北地区的边境旅游进入新的发展阶段。在五大边境旅游合作圈（中俄旅游合作圈、中朝旅游合作圈、中亚旅游合作、中越旅游合作圈、中缅旅游合作圈）初步形成的同时，边境旅游产业竞争开始转向，由原来的景点竞争、线路竞争、边境城市竞争转向边境区域的竞争。边境旅游区域竞争格局的重塑要求边境区域内旅游产业要素的重组及结构转换与变化，进而使部分区域内旅游产业的优势被弱化、竞争力丧失，各边境地区旅游发展的差距逐渐拉大。东北地区边境旅游有其独特的区位连续优势，陆路边境与海陆边境并存，且经济发展条件相对较好，东北地区边境旅游增长空间最强最快，在各省区的边境旅游入境数量上，1980~2014年，经历了低起点、中增长到高起点、中高增长阶段，研究东北边境地区旅游有其现实土壤。

---

① 蒙东地区包括呼伦贝尔盟、兴戈盟、赤峰市、锡林郭勒盟及通辽市。

东北边境地区的邻国中，经济发展比其他邻国经济发展相对较好。并与大国俄罗斯、经济强国日本、韩国隔海相望。2015年10月最美高铁珲春线开通，东北地区由边境地区成为沟通东北亚国家的前沿，进而东北地区、中国与周边国家旅游合作将形成新的格局。但在一定时期内，东北地区各省份的边境旅游业仍然摆脱不了独立地各自发展，需要时间与政策形成区域合作、区域内部旅游资源的整合、边境旅游市场的统一。图们江流域中俄朝跨境旅游合作区建立，使东北地区区域旅游合作进一步深化，东北地区边境旅游业也将出现新的机遇，进而实现可持续快速发展。

二、聚集问题

边境发展问题的研究开始于1989年，多以边境所在区域（东北、西北和西南三大板块）为研究领域，多数研究是以不同尺度的旅游目的地区域为中心的应用研究，但对东北地区边境旅游研究较少。在对边境旅游问题的研究中更多的是以现状—问题—对策型研究偏多，对边境旅游系统的理论问题、定量问题研究较少。跨越边境旅游目的地系统（CBRS）在传统的经济发展中总是与国家主权竞争联系在一起的。旅游地域系统中，文和蒂斯代尔（Wen & Tisdell）认为，旅游空间结构的集聚度大于整体经济活动（以各省、直辖市、自治区的GDP和人均GDP为指标），并通过回归分析发现，是否拥有入境口岸与各地区的旅游收入高度相关，而旅游资源禀赋与一个地区旅游收入的关联性不大，也就是说，文和蒂斯代尔（Wen & Tisdell）认为，旅游地域系统的空间结构与旅游需求相关。章锦河的观点则与文和蒂斯代尔的观点相反，他认为我国旅游空间结构集聚主要受旅游资源吸引力的影响，即旅游地域系统与旅游供给相关最大。

在区域经济地理学原理及新经济地理学视角下，本书试图构建东北地区边境旅游地域系统，研究系统内的组织结构、发展阶段、内容、特点及整个东北边境旅游系统中内部间的相互作用和对外部系统的联系，进而通过经济作用强度、溢出理论研究边境旅游地域系统内城市发展水平、旅游资源禀赋、旅游空间格局等对边境旅游系统的影响。

三、研究意义

（一）有助于加强东北地区边境旅游城市与内陆城市、境外城市间的联系

随着边境旅游的发展，边境地区经济结构也发生着变化，边境旅游理论发展滞后于其经济发展水平，研究东北地区边境旅游，发现边境城市旅游发展的规律性，指导边境城市与内陆城市、境外城市间的优势互补，推动边境地区间的合作交流。

（二）有助于将边境旅游打造成引领产业

在需求边境发展理论的支撑下，边境旅游在区域经济中的地位提升。通过对东北地区边境旅游的研究，强调边境旅游城市发展的内外部作用机制，指导边境城市进行优势互补，减少边境城市间的竞争，进行边境城市间的合作。加强边境贸易与边境旅游的联系，形成边境旅游综合体，进而使边境旅游成为边境城市的引领产业。

（三）有助于丰富人文地理学在研究领域视野的创新

随着地域活跃度增强，对边境区的关注由单一的史学家和政治家转为多学科专业学者的关注，研究边境价值成为多方关注的焦点，而边境研究一直为欧美人文地理学界所重视。边境地区不只是国家间的边缘地区，其在人文地理学的研究中的地位也在提升，旅游地理学成为其重要的关联性学科，旅游业是中国边境地区发展的重要引擎，同时也是维护国家核心利益的多样化手段之一。领土、边境与文化边境叠合、边境开发与旅游发展过程存在时间上的同步性与空间上的耦合性，是中国边境旅游的最大特色，由此带来更加复杂的空间、时间场域，为中国旅游地理学者提出了更为宏阔的研究视域。

第二章
边境旅游与地域系统研究进展与理论基础

　　国外文献主要在 web of science 数据库以"cross_border tourism""border tourism"为主题进行检索，其中以"border tourism"检索共获得文献629篇，以"cross_border tourism"检索获得文献220篇。将其全部849篇文献导入引文分析软件histcite，利用 LCS、LCR 指标选择了97篇代表性的期刊，利用绘制的文献网络图谱选择25篇文献进行详细阅读。这97篇文献涵盖了国外重要旅游研究期刊的大部分期刊，如 Annals of Tourism Research，Tourism Management，Journal of Tracel Research，Tourism Geographies，Human Reproduction，The Tourism Reviem，Geofournal，Tourism Geographies 等，虽然不是全部文献，但是基本上可以反映出国外边境旅游研究领域的学术动态。

　　国内文献部分主要利用中国知网为文献资料信息平台，以边境旅游为主题检索整个CSSCI和核心数据库，发现CSSCI文献与核心数据库并不一致，核心数据库检索时间截至2015年11月，共得到文献303篇，有效文献为177篇。CSSCI数据库124篇，从1989~2015年，有效文献为101篇。以边境旅游主题检索的博士论文3篇，有效博士论文2篇。以上国内文献将作为本书研究基础。

第一节 国外边境旅游研究进展

国外的边境旅游研究主要包括边境旅游需求、边境旅游供给、边境旅游合作与冲突以及边境效应研究等。

一、边境旅游需求研究

（一）边境旅游感知的研究

国外对边境旅游感知的研究主要集中在旅游者的体验、满意度和影响其满意度的因素上。国内在这方面的研究相对较少。Woosnam等认为，墨西哥德克萨斯州的两个受欢迎的旅游目的地即格兰德河下游河谷和大本德区域的旅游者的满意度受到安全水平的影响，而安全水平又受到旅游者的情绪与居民团结程度的影响。Timothy和Tosun以美国加拿大边界上的国际和平花园为研究案例，讨论了旅游者对边界障碍的感知、对边界服务的满意度、影响旅游者体验的因素及边界旅游区的管理体制问题。Lord等认为，影响旅游者感知、行为及满意度的因素是经济、质量、服务和愉悦程度。Gelbman通过实地抽样调查得出，旅游者受到导游的影响较大，导游对自然景观的解释方法及象征意义的元素信息的传递都突出了边境矛盾和冲突及恐怖；通过边境旅游使旅游者期待和平与边境合作。Correia Loureiro等探讨了西班牙和葡萄牙两个边境地区乡村旅游，利用结构方程模型探索旅游者满意度与农村住宿信任、服务质量、景观之间的相互关系，最后认为影响乡村旅游者满意度的前提是乡村形象质量的感知及对乡村旅游的信任与忠诚。

（二）边境旅游消费行为研究

国外旅游研究学者对边境旅游消费行为的研究主要集中在购物、医疗、性、赌博、宗教等方面。Timothy和Butler以跨越边境购物距离、购物频率及购物类型为指标建立了模型，分析了加拿大边民的跨境购物在美加边境旅游中的作用。Getz研究了尼亚加拉大瀑布（加拿大和美国）的两个边境城市间购物旅游的发展及其发展规划的不同体系。Aradhyula和Tronstad通过对墨西哥索诺拉的旅游者对旅游购物与当地经济的影响定量研究，发现边境贸易不仅仅受旅游者的年龄、语言便利程度、企业规划大小等因素的影响，而且它们这些因素的综合影响可能是最大的。Mckelvey等和Shenfield等研究了跨境生育治疗对于边境旅游的影响及边境医疗服务的建设。

Connell认为，医疗旅游现在被视为相对较短的距离，跨越边界的，医疗旅游者的人数是有限的，但是整容手术只是其中的一部分，这一部分的媒体关注度较高。通过调研以定量的方式阐述医疗旅游受到经济、社会文化的影响，同时也受到距离、护理、中介机构及医疗水平的影响。Turner研究了牙科旅游对跨境旅游的影响及旅游者的边境旅游的贡献及要求与风险。Scott通过分析土耳其籍塞浦路斯地区女性工作者对旅游者的吸引及其工作与角色的定位与转换，评估以色列和埃及边境赌博业旅游，认为赌博业对边境旅游发展促进作用较小，而付出的社会成本较大。国外对旅游消费行为的分析大多是以案例地为调研目的地，进行了定性与定量的综合分析。

（三）边境旅游市场分析研究

Matteo研究美国和加拿大边境旅游活动，以加拿大为主，在市场中的购物与消费的影响因素中，人均收入、加元增值、油价、货物服务对市场消费影响较大。同时他还使用替代方法研究了美加边境自驾车旅行跨境的决定因素，认为实际汇率的影响很大。Smith和Xie以等价距离（distance e-quivalence）为指标，采用回归方程测算美国和加拿大边境对美国游客出境旅行的影响，结果发现跨越边境难度相当于额外旅行1650千米的距离。Jakosuo发现，俄罗斯人已经成为芬兰最大的客源国，通过定性研究卡累利亚共和国的俄罗斯游客对芬兰旅游政策的反应，得出开发俄罗斯市场和俄罗斯游客购买力的策略，需要提升基础设施的建设、服务品质以及各部门间的协作。Timothy和Sam通过中韩两国跨境旅游人数变化，在两国和平发展的基础上，以政治、经济和国家安全因素，以及文化合作为变量研究了影响两国旅游合作和两国经济增长的主要因素。Boopen等利用面板协整估计技术分析南非旅游的市场区域划分，得出旅游基础设施、发展水平距离（或运输成本）、社会文化条件及语言差异是影响周边国家到南非旅游的主要原因。

二、边境旅游供给研究

边境地区的"差异性"形成了边境地区核心的旅游吸引物，包括语言的不同、商品的价格差距和空间符号的变化、购物、性、赌博、医疗等，这些都可能促进边境旅游业的发展。Timothy、Gelbman对边境地区吸引旅游者的核心吸引物作了定量研究，得出边境的边界线、语言、文化、残遗的边界，边界公园和纪念碑，自然奇观等都是吸引旅游者的关键。Hanefeld等认为，虽然距离、成本、专业技能和可用性影响病人的治疗都是决定边境医疗旅游的因素，但旅游者目的地的选择是一种非正式网络的结果，包括Web论坛、个人建议和支持团体。通过关注网络调查医疗旅游能够深化研究医疗旅游的深层次动机。Hanefeld等发现，医疗旅游是目前边境旅游的一种重要形式，其医疗旅游的动机复杂多样，有一部分是进行治疗，如牙科、化妆品或生育。除了成本因素外，还包括可用性和距离，其他方面有待进一步研究。以上数据是来自对13个国家文献资料及以英国国民健康为背景分析得出的。Barrera和Trejo评估了墨西哥边境城镇的历史文化资源开发对旅游发展的影响。Koši等评估了热矿水资源用来开发温泉旅游的可行性，以克罗地亚、匈牙利、塞尔维亚边境地区的巴奇卡为例。

三、边境旅游的合作与冲突研究

国外通过个案研究边境旅游的范例较多，表2-1列出了国外代表性的边境旅游案例研究。通过统计发现目前进行边境旅游合作的研究居多，表明合作是边境旅游研究的主要内容和方向之一。国际界限的定义和划分目的是构建人类互动和机动性的壁垒，包括人员流动、货物、服务和国家之间的制约。在跨边境地区旅游目的地（CBRs）都是用来约束竞争的国家主权。所以边境旅游应注重对区域合作机制、合作模式、合作驱动力的研究，但国外对边境旅游合作机制与驱动力的研究较少，更多的是倾向个体案例的研究。

Timothy以美国和加拿大边境的和平公园、罗斯福坝贝罗国际公园、沃特顿国际和平公园三个跨界公园为例，研究三个公园不同的旅游资源的跨界合作管理模式，构建管理框架、强调在基础设施开发、人力资源、资源保护、促销、跨界合约之间的国际协调。Hartmann则认为边境旅游目的地通过边境旅游发展战略能够提升跨境合作的效度、专业化、竞争力等，并建立了跨境合作的五个基本原则。

表2-1 国外边境旅游研究案例情况

案例边境	研究者	研究时间（年）	研究主题
美国与加拿大边境	Mattel etc	1996	加拿大跨境购物的影响因素
以色列与埃及边境	Felsenstein etc	1999	评估跨境赌博业竞争的影响
美国和加拿大边境的国际和平公园	Timothy	1999	旅游资源管理的跨境合作伙伴关系
美国和加拿大边境的国际和平公园	Timothy	2003	旅游者对边境阻碍的感知\定量研究文化感知
美国和加拿大边境	Smith	2003	用等价距离测算过境对旅游者出行影响
多国交界的NYSA GLACENSIS	Wyrxykowskj	2005	跨境合作
希腊与土耳其的边境塞浦路斯岛	Welster	2006	跨境旅游动机和感知障碍因素调查
德国、瑞典和奥地利交界的康斯坦斯湖区域	Hartmann	2006	目的地管理
芬兰和瑞典边境的波的尼海湾	Loannides	2006	跨境合作
南非、津巴布韦、莫桑比克交界的大林波波跨国界公园	Doppelfeld	2006	旅游规划中的利益主体合作
美国与墨西哥边境	Canally	2006	美国学生对边境障碍感知

续表

案例边境	研究者	研究时间（年）	研究主题
纽约和安大略边境、中国香港与深圳边境	Lord	2007	文化对跨境度假者的影响
以色列与埃及、约旦、叙利亚、巴勒斯坦边境	Gelbman	2008	边境文化景观类型、边境旅游开发冲突和合作
印度尼西亚、马来西亚、新加坡增长三角	Hampton	2010	跨界旅游的经济效应
以色列、约旦边境的和平之岛、东南亚的金三角与柏林墙	Gelbman	2010	敌对边界的旅游景点的修改
瑞典、芬兰、挪威、俄罗斯	Prokkola	2011	涉及旅游发展协调的欧盟跨境协作计划第三节之北极冰帽区子计划的管理和实施
比利时的巴尔哈塔和荷兰的巴拉纳索	Gelbman	2011	边境飞地的旅游发展
欧洲经济共同体内的多国交界地	Weidenfeld	2013	跨境旅游与区域创新
边境旅游地——欧洲联盟	Lee 和 Brahmasrene	2013	边境低碳旅游的发展
南部非洲	Chaderopa	2013	跨国社区参与自然旅游业跨国商业伙伴关系
加泰罗尼亚比利牛斯地区	Blasco 等	2014	多利益相关者下的跨境旅游目的地的管理
以色列边境地区	Mansfeld 和 Korman	2015	战争与和平下的遗产旅游冲突

Lovelock 和 Boyd 从空间角度建立跨界合作影响因素的空间框架，从宏观、中观、微观各个层面分析区域跨界合作的影响因子，认为微观因子反映个体因素（当地社区、景区管理者、经营者的价值观、专业知识背景、个性特征以及对景区发展和环境保护的感知、态度和行为），中观因子反映组织因素（组织因素、制度因素、区位因素），宏观因子反映战略因素（国家或区域性政策，包括区域经济一体化和全球化、资源保护和利用、可持续发展战略、

合作模式)。

在探讨跨界合作的同时，由于多方利益相关者的利益诉求不同、文化背景不同、政策不同等，加强跨界冲突管理，寻求冲突解决途径也是未来跨界合作的重要研究内容。Gelbman（2008）剖析了以色列和埃及、约旦、叙利亚、巴勒斯坦的边境旅游的冲突机制和解决途径。

四、边境旅游的效应研究

随着边境旅游的发展及各国对边境旅游的重视，边境旅游受到区域经济学、金融学、市场学、生态学、地理学、社会学、人类学等多学科学者的关注。边境的阻碍效应日益消融，而中介效应开始显著。研究其边境效应是边境旅游发展运行的内在机制及基础路径。国外学者主要从经济效应、社会效应、生态效应、政治关系等方面进行边境旅游效应研究。

（一）边境旅游的经济效应

Timothy 和 Butler 通过研究发现，加拿大边境居民跨境购物引起了旅游业赤字的显著增加，进而产生了政治、法律、经济和社会方面等一系列问题。Hampton 通过对印度尼西亚、马来西亚、新加坡增长三角（IMS-GT）进行分析，发现跨境旅游为经济增长的动力，边境旅游创造了各地收入、居民就业机会以及与其他地区经济联系；Sullivan 等运用投入产出分析法，定量研究了美国和墨西哥边境跨境消费的类型、对地区经济发展的影响以及旅游者自身的效用，发现跨境旅游者购物支出最多，饮食和观光支出次之。另外，也有学者研究了边境旅游对收支平衡的影响，Tugcu 和 Tansel 利用 1998~2011 年面板数据及面板格兰杰因果分析，得出旅游业的发展方向和经济增长取决于国家组织和旅游指标。同时对旅游和经济增长之间的因果关系进行了测试，发现欧洲旅游收入和经济增长之间存在双向因果关系，亚洲旅游支出和经济增长之间存在因果关系，非洲旅游业与经济增长之间没有因果关系。Hjalager 认为，经济一体化下旅游业分为四个阶段，而边境旅游发展是经济一体化下发展的必经阶段，且其后的各阶段都受其影响，外包、跨国所有权结构和投资、跨国营销合作，购买和出售技术和劳动力自由流动的发展在高度发展的现代化旅游业中、在跨国旅游中特别重要。

（二）边境旅游的社会效应

第一，边境旅游影响当地的人口就业与人口流动。Anderson 和 Dimon 通过对美国与墨西哥边境地区的提华纳和托雷翁地区的比较研究发现，边境旅游为女性提供了更多的工作机会，男女工作者工资差距正在缩小。这些工作对教育资格、经验与工资之间的关系不大，需求量日益增加。Anderson 通过研究发现，单身女性劳动人数较多，且有报酬，已婚女性没有明显增加劳动参与率；Scott 则探讨了土耳其籍塞浦路斯边境旅游和移民妇女就业、当地的性别思想的相互作用。Saxena 和 Ilbery 以英格兰威尔士边境的传统乡村地域为例，分析了当地社区组织对综合乡村旅游的态度和塑造这种态度的因素。第二，边境对当地居民身份认同和旅游区域形象的影响。Ilbery 等探索了英格兰威尔士边境地区旅游者与当地居民对于乡村旅游综合的不同态度。Izotov 和 Laine 以芬兰俄罗斯边境地区为例，探讨了边境旅游活动在地区身份认同建立过程中扮演的角色以及对边境地区熟悉或不熟悉氛围建设的作用。Prokkola 认为，边境旅游业对促进区域认同和"无边界"（borderless）的区域形象特征有显著的作用。Helleiner 对加拿大尼亚加拉地区边境旅游本地参与度的研究表明，年轻的加拿大人对旅游相关产业持批评态度。第三，对边境地区旅游吸引物的影响研究。Komppula 研究了单体企业家的角色在开发乡村旅游目的地的竞争力影响，Prokkola 探讨了芬兰和瑞典边境地区边境旅游活动的发展过程和边境旅游对边境吸引物的空间重组和心理边界的消融影响。Gelbman 和 Dallen 分析从敌对边界到旅游景点的过程及影响因素以及对毒品及健康的影响。Jauregui 等评估了边境旅游活动对肺结核病毒传播的影响。Schernewski 和 JÜlich 关注在夏季旅游高峰时，德国荷兰边境地区因城市污水排放而带来的病毒传播风险，以及对游客健康和旅游业发展的影响。Patterson 等研究在性旅游背景下，女性性工作者的性和吸毒行为，以及由此带来的感染艾滋病毒的风险。Matheson 和 Finkel 针对温哥华冬季奥运会研究了性交易的认知与预防措施。Dunn 和 Annaraud 对俄罗斯的边境城市：莫斯科和圣彼得堡的赌博业占比，研究俄罗斯赌徒的态度、观念、旅行的习惯和生活方式对边境旅游的影响。Felsenstein 和 Freeman 认为以色列和埃及边境旅游地区的赌博业对当地的经济促进很小，但是社会效应为负向效应。

（三）边境旅游的生态效应

Zhao 等研究因旅游发展而进行长白山生物圈保护区之外的森林砍伐对生态的影响。Olya 和 Alipour 分析边境地区的降水风险评估和旅游气候指数，Hall 结合以农业经济为基础的澳大利亚和新西兰地区，通过对澳大利亚和新西兰边境的"葡萄酒旅游"的实地调查发现，由于大部分旅游者无法识别报关单上葡萄园或酿酒厂的标志，以及旅游者的移动性，给当地的酿酒厂带来了严重的生物安全威胁。

（四）对政治关系的影响

Timothy 认为，边境旅游的发展对巩固和平合作有积极意义。Gelbman 对以色列边境旅游目的地在和相邻阿拉伯国家的关系中扮演的角色进行了定性分析，认为边境地区既是矛盾和冲突的核心，也是两国文化交融和合作的地方，代表对和平的追求。Gupta 和 Dada 以克什米尔地区为例，通过建立跨境旅游参与理论架构，探讨了边境旅游在防止跨国冲突和缓和矛盾中的作用，并强调应将边境旅游地作为政治紧张关系的缓冲区，促进边境旅游的乘数效应。

第二节　国内边境旅游研究进展

在国内外边境旅游的研究中，对边境旅游理论的研究相对较少，且国内对边境旅游的研究多集中在边境旅游的定性研究，如边境旅游资源开发、边境旅游产品开发与规划、边境旅游的合作模式、边境旅游的市场开发等方向，对边境旅游的空间结构、系统内的运行机制、市场竞争力、边境综合效应等的研究较少。特别是从系统的角度来研究边境旅游、边境旅游理论体系的更少。本书主要研究边境旅游地域系统内的特点、结构及内外部特征问题。

一、边境旅游需求研究

对于国内的旅游需求研究来说，最初主要来源于边境贸易、边境购物等，更多是通过定性的形式来研究，研究区域主要集中在西北、西南、东北地区。祁群提出了黑龙江省黑河市与苏联远东阿穆尔州首府海兰泡之间一日旅游，并对黑龙江省按照苏联客源市场需求设计了疗养旅游等旅游线路。王之政总结了边境旅游购物的主要种类有农副产品、轻工业产品、电子产品、建材产品四大类400余种。林明定性研究了云南省与越南边境贸易的发展与展望。李正一总结出我国进行边境旅游贸易的边境口岸已有十个，即新疆的霍尔果斯、吐尔朵特；内蒙古的满洲里、室书、黑山头；吉林的珲春；黑龙江的黑河、同江、绥芬河、虎林等。王士录论述了中、老、缅、泰的"金四角经济合作区"的边境旅游发展，得益于其四国间的交通路线。同时指出边境旅游可能带来的影响，如边境的移民、毒品走私、生态环境恶化、疾病的传播。孙寿山和史镜定性分析了呼伦贝尔市、满洲里市、二连浩特市等边境城市利用口岸的优势，通过开展中俄、中蒙边境旅游线路进行易货旅游。孙红从经济学角度来定性分析边境旅游的地位与市场需求量。她引用世界著名旅游经济学家道格拉斯·福斯特提出的旅游的外汇收入是世界非金属和矿产品出口价值的两倍，旅游收入的产值比国际钢铁贸易的产值大得多的观点，同时，她认为旅游将成为世界贸易的一个重要组成部分，特别是边境旅游的市场地位会越来越高。张广瑞探索了边境旅游的政策问题，发现我国对边境旅游没有统一的政策，并且政策多为不连贯。1992~1997年，吉林省边境并不允许吉林省以外的人参加其边境地区旅游。中国与俄罗斯边境旅游主要以贸易或是"倒包"为主，杨兆萍和阎顺以新疆为例，定量分析了1989~1993年边境贸易发展，并达到最高峰，占海外游客人数的68.9%。1993年后因边境贸易管理等出现了一系列问题，边境双边国家进行了限制措施使边贸旅游开始下降。因购物型客源市场由周边经济欠发达国家组成，游客主要支出用于购物，人均旅游综合消费较低。乔玉霞对蒙古国、俄国到中国的出境旅游进行了定量分析，发现出境旅游中边境旅游的份额最大。这部分客人占到入境旅游人数的30%。陈俊伟从经济学角度研究了广西的旅游市场开发问题。周健和刘东燕研究了边境旅游与边境民族问题，以及边境地区的民族经济、社会、医疗、边境旅游等问题。

从2004年起，研究边境旅游需求更注重理论的探索及数量化的分析，主要以研究边境旅游市场为主。汪德根等以内蒙古为例，利用地理集中性研究了中国边境省份入境旅游市场的情况。刘小蓓对广西的边境旅游的客源市场进行了分析，并提出强调边境旅游的形象及调整边境旅游产品的结构。廖国一对环北部湾地区边境旅游市场进行了研究。杨勇研究了中国—东盟自由贸易区建立条件下广西防城港东兴市的旅游市场开发。陈廷武海从越南国家的角度研究建立中越两国边境可持续发展的边境旅游机制。王雪芳提出构建环北部湾滨海跨国旅游圈的设想。赵多平等对中国的三个省区边境旅游发展及客流应用矩阵分析方法进行深入分析，采用入境旅游市场占有率、旅游资源丰度、旅游开放度、边境贸易比重和距离指数五个重要指标，得出影响边境旅游规模和类型的主要因素是旅游资源丰度、区位条件、经贸发展水平、开放度、可进入性。同时贸易驱动因素对边境省区各州市的边境旅游发展的影响显著，旅游资源丰度对边境旅游中的观光入境旅游者也有较大影响，边境旅游也遵循距离衰减规律。陈琪从法律层面来协调中国新疆与周边国家边境旅游市场，提出了新疆边境游消费者权益保护的对策研究。对于旅游者感知的研究国内的文献还有很多，多数都是以定量分析与实地社会调研为主进行研究的，有多年的连续数据与单个边境的研究，开始年代也较晚。从2011年开始，黄爱莲通过顾客感知的角度进行研究边境旅游的法律法规方面边境旅游管理阻碍，认为合作关系是边境旅游管理的关键。

对国内的边境旅游需求研究，其定性研究较多，多集中在边境旅游发展的第一、第二阶段，而第三阶段才有文献进行定量研究边境旅游需求，更多的是以边境旅游市场的旅游收入、人数进行研究，而国外主要以调研数据为主进行研究边境旅游消费行为，国内以宏观市场数据分析为主。

二、边境旅游供给研究

国内边境旅游供给方面的定性研究较多，多以旅游资源特征、开发及线路设计、产品设计为主，但是定量的研究仅仅有三篇最新发表的文献。研究多以省域单元或是市域单元为主，以区域为研究单元的文献量鲜有发现。国内边境旅游供给研究主要包括从旅游资源特点出发进行研究，旅游资源评价角度进行研究的。孙文昌和韩杰、张广瑞早期对边境旅游资源特征进行了研究。孙文昌对东北地区的边境旅游资源类型进行了划分，张广瑞分析了中国边境旅游的基本类型、基本特点及发展趋势。崔庠和王犹青从珲春资源独有的特性出发探索了珲春市的边境旅游可持续发展的路径与必然性。廖国一从文化角度研究了环北部湾地区东兴海洋文化资源的开发，使其进行可持续发展。郑辽吉根据丹东市独特的区位及边境贸易、丰富资源，对跨境旅游发展进行了研究。谢婷等从竞争关系定量的角度研究边境旅游，以区域旅游业发展状况、旅游交通状况、旅游地知名度、区域旅游整体优势口岸与旅游产品来进行对比分析。目前边境旅游已是我国旅游业的一个重要组成部分，也是一种很有潜力的旅游形式。王基能等利用民族村寨进行边境旅游产品的设计。李庆娟通过对2011~2012年旅游通道的建设问题的研究，提出边境旅游需要发展边境小额贸易、边民互市贸易、边境经济合作等，同时涵盖了现汇贸易、易货贸易、旅游贸易、加工进出口贸易、劳务输出和技术合作等多种形式，她同时也认为边境旅游发展的另一个阻碍是旅游营销问题。通过云南河口与广西凭祥对比分析得出，文化权力视角下边境旅游产品不再是内生性资源，而成为了外部资源，同时也不同于旅游商品的本地性的文化特征，而是非主流的异域化文化特征，边境旅游商品成为文化互动的典型代表。周彬等以黑龙江省中俄界江旅游资源单体类型、分布、规模等对边境旅游资源进行定量评价，得出这一地区的边境旅游资源特点。钟林生等则以中国全部陆地边境单体的数量、空间分布来研究边境旅游资源的五大特征，分别是数量繁多、体量较大，类型丰富、组合度好，特色鲜明、垄断性高，神秘神圣、有庄严感，整体连续、线性明显；对陆地边境旅游资源的质量等级进行评价，得出边境县域内共有61处五级旅游资源单体和237处四级旅游资源单体；并提出开发边境旅游资源的总体建议。

三、边境旅游的合作与管理调控研究

黄爱莲研究了中越跨界旅游营销机制，促进两国进行边境旅游发展。李英花和崔哲浩以图们江区域边境旅游为例，提出边境合作的策略。刘德云和吕斌认为跨界城市旅游合作需要政府、政府授权机构、利益群体、非营利组织和市场的参与并紧密合作。徐东北等提出辽吉两省沿鸭绿江边境旅游带构建，需要从各城市的政府间合作、旅游行业协会间合作和旅游企业间合作三个方面来考虑。普拉提和海米提把中国新疆与中亚国家区域旅游合作的基本模式概括为互为市场模式、市场—产品共享模式和要素协同模式徐淑梅等在分析了东北东部边境地区旅游资源优势、旅游业发展现状及存在问题的基础上，构建了"五区—四轴"的旅游空间布局及区域战略合作关系。

袁珈玲认为，跨境旅游合作区主要受制于相邻两国的政治关系、两国经济体制、自然地理条件、边境文化、国家主权、外交等多种因素。王辉等通过对比分析跨境合作的区域有马来西亚与新加坡、美国与加拿大、欧盟国家的跨境旅游合作的成功范例，得出旅游合作动力系统模式。刘云和张梦瑶认为，国家"一带一路"倡议为实现我国跨地域、跨经济、跨文化的互惠型国际合作指明了方向，跨境旅游合作作为次区域经济合作的先行者，为区域经济一体化提供了有力的示范效应。通过对中缅跨境旅游合作的现状和优势条件，提出两种合作模式，包括从空间结构、合作主体上提出中缅跨境区域旅游合作的"点—轴—圈"模式和"政府主导，企业参与，协会促进"的内外协作型合作模式。同时黄耀东研究了广西边境合作的战略与模式。杨凌对中俄东部毗邻地区旅游业合作模式进行了探索。陈雪婷等对中国东北与俄、蒙毗邻地区的边境旅游合作模式进行了研究。赵娴对大湄公河次区域旅游合作的机制进行了定性研究。

四、国内边境旅游的效应研究

国内对边境旅游定量的研究很少，更多的文献是以描述性为主，集中在市场开发、资源特征、开发模式等方面的研究。包广静和吴兆录从理论角度结合旅游区域系统的发展，提出旅游边缘效应与旅游边缘区的概念，分析了旅游边缘效应与旅游区发展的机制问题。罗文标研究了边境旅游效应对中心城市的影响，对东盟区域旅游合作边界效应进行检验，得出旅游投入是关键影响因素，距离因素也严重影响了边界合作的发展，同时东盟区域旅游合作边界效应明显。陈俊安从制度经济学的视角来研究边境旅游的政策效应，以中越边境为例，把中越边境旅游分为三个阶段经济政策，并对三个阶段都进行了实证分析，证实相对应的经济制度对边境旅游的发展影响很大。时雨晴等从边境旅游竞争力入手，分析边境旅游竞争力的影响因素，进而从边境旅游发展基础条件竞争力、边境旅游现状竞争力、边境旅游发展潜力竞争力三方面构建边境县域旅游竞争力的评价模型。对中国陆路边境地区进行了竞争力的评价。

第三节 国内外边境旅游研究的对比分析

一、文献时间分布与空间分布

对国外文献以在 web of science 数据库的统计为主，对以 "border tourism" 为主题检索的文献，研究时间与研究数量如图 2-1 所示，对以 "cross_border tourism" 为主题检索的文献，研究时间与数量如图 2-2 所示。边境旅游的文献从 1985 年开始出现，并逐年增长，特别是 2010 年后增长较快。阶段性显著，第一阶段（1985~1996 年），这一时期的文献量很少，研究空间主要集中在欧洲和北美地区，期刊主要集中在 *Annals of Tourism Research*，*Environmental Health Perspectives*，*Social Science Journal* 等 21 种，并在旅游重要期刊上只有 3 篇。第二阶段（1996~2005 年），缓慢上升阶段，研究空间还是以欧洲与北美洲为主，同时也有对亚洲、非洲、大洋洲的研究，但是数量相对较少，但这一时期的期刊种类增加。第三阶段（2006 年至今）加速增长阶段，论文发表量超过以往论文总数还多，旅游重要期刊的边境旅游数量也增加。研究空间涉及整个全球范围内。

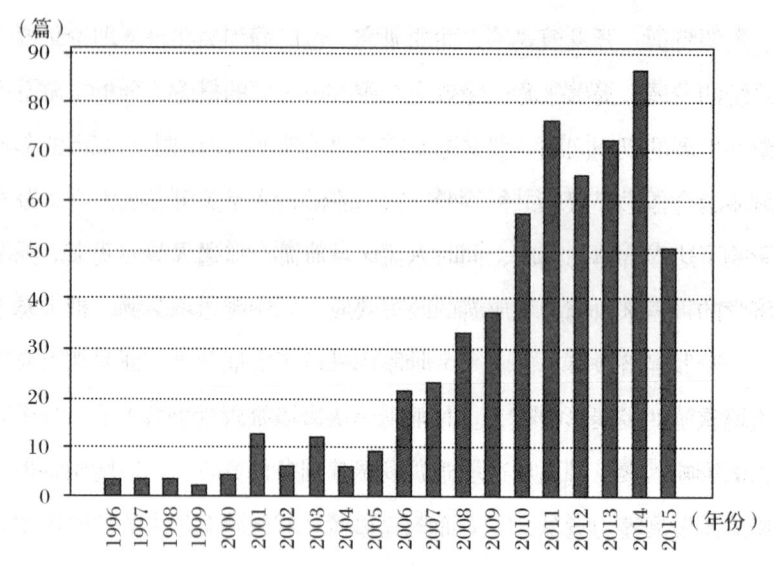

图 2-1　1996~2015 年以 "border tourism" 为主题检索发表论文数量

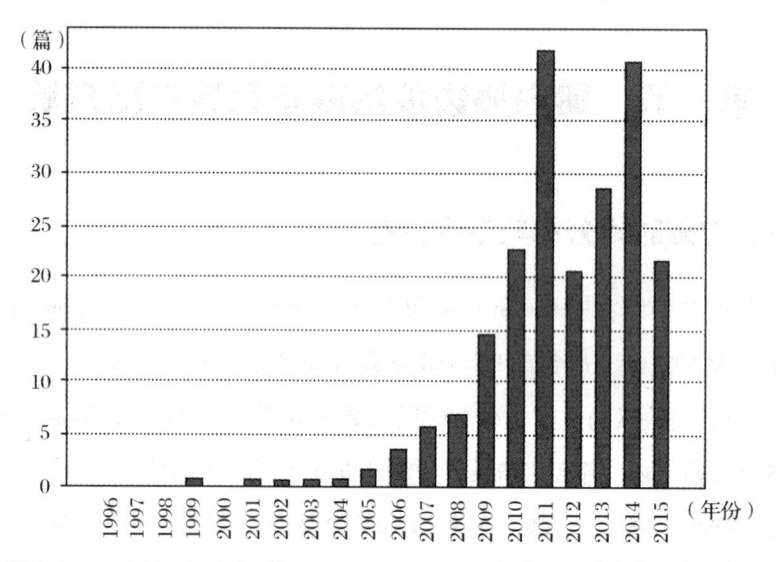

图 2-2　1996~2015 年以 "cross_border tourism" 为主题检索发表论文数量

对国内文献的研究主要以中国知网全文数据库为主，中国核心文献与 CSSCI 文献的时间分布如表 2-2 所示。同样是表现为逐年增长，但快速增长是在 2011 年以后。文献数量也可以分为三个阶段：第一阶段为 1989~1993 年文献量少，对边境旅游提出还很隐晦。研究区域主要集中在云南、吉林、新疆地区。第二阶段为 1994~2004 年，这一阶段边境旅游的文献量在缓慢上升，主要涉及的地区包括以前的省份，同时黑龙江省对边境旅游的研究文献快速增长、同时广西壮族自治区的边境旅游研究也开始。这一时期正式提出了边境旅游的概念，1995年张广瑞在经济研究参考论述了边境旅游的国际实践与经验、背景、简要过程、基本类型、基本特点及发展趋势、中国边境旅游发展的意义和影响、存在的问题、战略与政策选择，对边境旅游进行一次全面的概述。第三阶段为2005年至今，边境旅游呈爆发式发展，文献增长数量快、研究区域涉及全国及跨境。受到国家政策影响，边境地区成为这一时期的研究重点。资源科学在2014年曾进行边境旅游专题刊载。

表 2-2 核心/CSSCI数据库文献发表时间与数量关系

单位：篇

年份	2015	2014	2013	2012	2011	2010	2009	2008	2007	2006	2005	2004	2003
数量	4/4	26/14	6/3	23/7	21/3	8/2	9/6	2/2	2/2	14/5	16/6	8/2	1/2
年份	2002	2001	2000	1999	1998	1997	1996	1995	1994	1992	1993	1989	
数量	3/3	6/5	1/3	2/6	5/3	5/4	6/2	2/5	3/7	2/0	0/2	2/1	

二、研究的主要关注点

本书从边境旅游概念、边境旅游需求、边境旅游供给、合作和冲突管理，开发效应等方面进行分类国外边境旅游文献。分为主类、亚类（见表2-3。）

国内边境旅游的关注点通过对核心数据库与CSSCI数据库进行整理，得出主要涉及边境旅游的概念、边境旅游需求、边境旅游供给、边境旅游合作及边境旅游效应等方面。如表2-4所示。

表 2-3 国外研究的主要关注点

研究领域（主类）	研究视角（亚类）	代表作者	研究文献数量（篇）	占比（%）
边境旅游概念	概念内涵研究	Gelbman, Alon; D. J. Timothy; J. Scott; Marznetter; Martinez; Sofield	10	10.6
边境旅游需求			45	47.9
	旅游感知	Woosnam, Kyle M.; D. J. Timothy	5	
	旅游消费行为（购物、旅游医疗、性与娱乐、赌博、宗教）	D. J. Timothy; D. Getz; S. Aradhyula; F. Shenfield; Connell, John; Hanefeld, Johanna; Smith, Kristen	11 9	
		Berdychevsky, Liza; J. Scott; Waitt, Gordon R., Vukonic B.	12	
	市场分析	DiMatteo L.; Jakosuo K.; D. J. Timothy; Boopen	5	
边境旅游供给	政治界限、边境景点；边境资源	Zhang, Hanqin Qiu; Hampton, P. Mark; D. J. Timothy	13	13.8
	影响因素	Prokkola, Eeva-Kaisa; Seetanah, Boopen; D.J.Timothy; Di Matteo, L.	11	11.7
合作和冲突管理			18	12.4
	旅游安全与冲突	Gelbman, Alon	4	
	旅游合作、区域创新	Adi Weidenfeld; Mark P. Hampton; D. J. Timothy	7	
	旅游管理与调控	P. Eisinger; C. Smith; Blasco, Dani	7	
开发效应			46	48.9
	生态环境效应	Sheppard, Charles; Dimitrov, Preslav; Mansfeld, Yoel; Korman, Tally	4	
	经济效应	Hjalager, Anne-Mette	6	
	社会文化效应	Turner, Sarah; Russell R.V.	13	
	政治关系	Prokkola, Eeva-Kaisa	9	
	其他（乡村）	Saxena, Gunjan; Zhang, Hanqin Qiu; Ilbery, Brian	14	
总计			143	145.3

注：在分类中有重复期刊，如一个文章在讨论中同时涉及旅游吸引物及影响因素分析。

表 2-4 国内研究的关注点

研究领域（主类）	研究视角（亚类）	代表作者	研究文献数量（篇）
边境旅游概念	边境旅游	张广瑞、姚素英	6
边境旅游需求	市场需求与分析	赵多平、孙坤、陆林、汪德根、宁志中、熊礼明、徐淑梅、马耀峰	16
	开发研究	陈俊伟、徐松峦	21
边境旅游供给	旅游资源开发	王基能、吴泽锋、张奎燕、廖国一、田里、郑辽吉	32
	旅游资源评价	钟林生、时雨晴、周彬	3
边境旅游合作	旅游合作	王辉、陈桂秋、崔庠、孙文昌、陈才、葛全胜、张佑印、孙根年	36
	管理与调控	廖国一、杨兆萍、陈雪婷、陈俊安、杨洪	14
边境旅游效应	旅游效应	包广静	1
	影响因素	代姗姗、李德山	2
其他			51
总计			182

三、研究方法

国外文献在研究方法上，主要以定量研究为主，在 97 个文献中，有 69 篇均为定量研究，占比 71.1%；定性研究为 28 篇，占比 28.9%。在定量研究方法中主要运用了因子分析、聚类分析、回归分析、溢出分析等软件分析方法和构建模型，利用 SPSS、SAS、GIS、Matlab 等软件进行分析研究。在数据获取方面，主要采用了国家数据中心数据、国际旅游组织网站、访谈、问卷、实地调研等方法。国内的边境旅游研究主要以定性为主，18 篇为定量研究，而数据多以市场调研问卷为主，主要分析市场与旅游感知，利用分析软件进行建构分析的只有 3 篇文章，分析了旅游竞争力、边境旅游入境市场。同时对边境旅游的理论研究文章综述研究尚少。在核心数据库及 CSSCI 数据库中，只有 3 篇文章为研究综述。只有早期的张广瑞对边境旅游的理论进行过简单探索，近期对理论探索的文章只有一篇。大多是实证研究。特别是从系统的角度来研究边境旅游、边境旅游理论体系的更少。本书主要研究边境旅游地域系统内的特点、结构以及内外部特征问题。

第四节　经典理论在边境旅游研究中的应用

一、地缘经济理论及应用

20世纪90年代初，地缘经济学理论由美国约翰霍普金斯大学地缘经济研究所教授爱德华·卢特沃克、理查德·索罗门、卡尔罗·让等为代表的西方学者提出，其理论内涵是将经济利益和经济关系取代军事对抗和政治关系作为国际关系主轴的理论。地缘经济理论把地缘政治理论中忽视的地理环境与区域作为地缘经济理论发展的基石。地缘经济理论是在和平年代发展起来的，以经济利益与经济主导权为研究基点，边境国家间通过地缘经济控制权实现国家政治经济主导权、控制权的目的。主权国家间实际上还是竞争与对立的关系，但这种竞争与对立关系表现在地缘经济上则是寻求他国的超额利润与区域合作，而非战争。地缘经济发展能够促进双边或多边国家人民生活水平的提高、边缘地区稳定。

在边境旅游地域系统中，系统内的经济运行离不开边境主权国家间的多利益主体协调，边境地区间存在不同意识形态、不同制度、不同体制与不同文化的国家，区域合作要考虑到复杂交叉的利益共同体间的利益均衡。边境地区边境旅游地域系统内容丰富、涉及的部门关联大，降低边境地区间主权国家间的利益冲突，建立健全合作平台，完善行政阻碍，以保证边境旅游地域系统良性发展。

二、经济地域运动理论及应用

董锁成教授在经济地域运动理论中阐述一切经济活动最后都要落实到一定的地域空间上，任何经济活动都离不开其特有的地域空间。经济地域运动理论是围绕经济过程的地域表现这一主轴来研究经济地域这个特殊领域的；经济地域运动理论高度抽象和概括了经济地理学研究的独特客体，深刻揭示其内在的特殊矛盾，它是对所有经济现象的抽象，从不同深度与广度上揭示经济过程在地域空间上分化、组合、运动的必然本质联系，探讨不同类型经济地域形成、发展的内在机制。

边境旅游地域系统研究是对经济地域运动理论的深化及现实化的体现，是经济地域运动中独特的一种地域类型上的经济运动形式。边境旅游依赖其独特的边境地区，其所有活动都处在边境周围而进行，但旅游地域系统并非单纯的旅游经济运动，同时包括整个要素的变化。首先，边境旅游地域系统中旅游经济的地域运动是具体整体性的，既不是单纯的边境地区空间，也不是单纯的经济部门，而是由两者结合而成的统一体。其次，边境旅游地域运动不是任意排布的，而是有一定规律的，按照一定方式有机组合而成的整体，其中不仅包括各要素之间，也包括各要素与地域之间的联系，不只包括内部的相互作用，也包括整体系统对外的相互联系。最后，旅游经济地域是一个有机体，有其形成、发展、兴盛、灭亡的演变过程。旅游作为非物质生产部门所组成的地域系统有其区域与实体行业的地域系统特点。

三、核心—边缘理论及应用

核心—边缘理论是弗里德曼（J. R. Fridemna）1966 年在《区域发展政策》（Regional Development Poliy）中提出的。弗里德曼认为，任何空间经济系统均可分解为不同属性的核心区和边缘区。边境旅游地域系统是旅游经济在边境地域上的经济系统。核心—边缘理论为边境地区旅游活动相互关联、彼此又孤立发展的边境旅游地的不平衡发展提供了理论依据。核心区域是一个城市或城市集群及其周围地区所组成。边缘的界限由核心与边缘的关系来确定。核心区域指城市集聚区，工业发达，技术水平较高，资本集中，人口密集，经济增速快，包括：①国内都会区；②区域的中心城市；③亚区的中心；④地方服务中心。边缘区域是那些相对于核心区域来说的，经济较为落后的区域。一般情况下，本区域的物质、资金、人员等优势资源都会流向核心区域，使核心区域获得优势生产要素，促进核心区域的经济发展，当发展到一定程度的时候，会向边境地区进行扩散。当边缘区域经济开始增长，将会吸引到边缘区域的优势资源，削弱边缘区域的某些发展机会，从而对边缘区域的经济增长产生不良的影响，即回流效应，区域经济的集聚；另外是边缘区域的经济增长，促进了本地区产品及原料市场，增加技术改良，加快就业机会扩大，从而对本地区的经济增长产生有利的影响即扩散效应。边境旅游地域系统中，离不开其地域结构中城市的载体，而核心边境理论也是城市空间相互作用和扩散的理论，核心边缘理论认为任何一个国家都是由核心区域和边缘区域组成。

边境旅游地区域系统中边境旅游城市的发展，使处在边缘区域的边境城市经济增长，促进了边境城市的产品、人员、资金、信息等优势资源的引入，加快了就业机会，对边境地区的经济增长产生了有利的影响，同时对中心城市而言，形成核心——边缘的相互作用与区域效应差异发展。

四、新经济增长理论与空间经济学理论及应用

20世纪80年代中期以来，随着罗默（Paul Romer）和卢卡斯（Robert Lucas）为代表的"新增长理论"的出现。经济增长理论在经过20余年的沉寂之后再次焕发生机。空间经济学的领军人物是保罗·克鲁格曼和他的国际同行。空间经济学是根据时间、层次、传统三维空间相互转化原理研究经济发展规律、预测经济发展趋向、进行经济空间布局、调整产业空间结构、取得经济规模效益、实现经济可持续发展的经济学，是结构经济学向发展经济学转化的中间环节。新经济增长理论与空间经济学理论是解释经济活动空间分布原因与

机制的理论。它通过研究经济活动的空间分布规律，解释现实中存在的不同规模、不同形式的空间集中机制，并通过这种机制分析探讨经济增长规律与路径。新经济地理学直接来源于新贸易理论，诺贝尔奖的克鲁格曼发展了新贸易理论，在经济区位分析方面集中表现为新经济地理学。在这个理论的指导下，更加关注空间关系，与空间的相互作用而溢出正是新经济地理学的突破所在。

边境旅游离不开边境贸易，边境地区往往都是处在欠发达地区，欠发达地区关心的则是如何实现区域经济增长的问题与城市间的空间作用。核心—边缘模型、自由资本模型、经济地域运动理论主要关注产业空间颁布的长期均衡问题，而经济增长，则是通过产业区位的改变而实现，边境地区的经济增长不仅仅需要长期的发展，同时也需要边境地区的自我增长来实现。主流经济学从外部进行解释，这种外部性，主要包括供给和需求，但却忽略了空间维度。全域溢出模型与局部溢出模型。资本创造模型（CC）是一个外生增长模型，而GS-LS模型则是随着资本的增加，创造新资本所需的成本下降，克服了积累的规模收益递减规律，但其模型是涉及两国间的贸易，而本书研究的是区域间的溢出效应，所以，不需要关注两国间的贸易汇率及名义货币均衡问题，对原来的MUNDELL-FLEMING模型进行修正，模拟GDP溢出，找出各区域间的GDP溢出，而各地区间的溢出都会与城市化有关。

五、旅游地生命周期理论及应用

1980年加拿大滑铁卢大学旅游学家R.W.Butler提出旅游地生命周期理论，其学生Timothy，D. J. 在R.W.Butler指导下进行了边境旅游的研究。旅游地生命周期理论是指旅游地与其他生命体一样，旅游地根据时间与旅游者数量的变化经历了探索、起步、发展、稳固、停滞、衰落或复兴六个阶段，如图2-3所示。

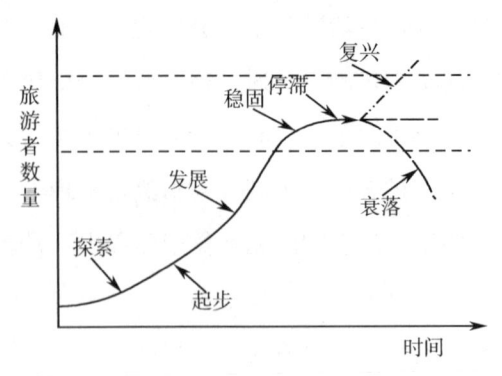

图 2-3　旅游地生命周期理论

旅游地生命周期理论为边境旅游地域系统的发展提供了理论依据，诊断边境旅游发展的阶段，指导边境旅游城市制定边境旅游发展战略，并为边境地区同一边境地带不同地段、不同口岸、不同边境城市之间的旅游地发展合作提供战略依据。

六、系统理论的应用

系统理论属于钱学森院士倡议的系统科学，是研究系统的一般模式、结构和规律的学问，它研究各种系统的共同特征，用系统理论知识定量地描述其功能，寻求并确立适用于一切系统的原理、原则和模型，主要对计算机、应用数学、管理等专业的某一方向有专门研究，掌握系统思维方法，能够从整体上系统地思考和分析问题，是具有逻辑和数学性质的一门新兴的科学。

系统理论的基本思想就是系统思想，它是指在一定环境中由两个或两个以上相互联系与作用的要素组成的具有特定结构和功能的要素集合而成的一个有机整体。它不是一个局部的而是全面的，不是封闭的而是开放性的，不是间隔的而是连续的不间断的发展着的有机整体。它由整体性原理、联系性原理、有序性原理、调控性原理、最优化原理等组成。

目前，在全球化、一体化的进程中，各国、各地区在当今都被涵盖在"世界空间经济系统"中，系统理论提出，在世界空间经济系统里各国、各地区是互相依存和相互依赖不可分割的。在这样一个大系统中，存在很多层次的子系统，每一个子系统同样具有系统的一般特性。如前面所说的经济地域系统一样，在边境旅游地域系统中，也同样具有系统理论的一般特性，以系统理念指导，以获得在边境旅游地域系统中功能最优，整体效应高出各部分效应之和。在东北地区边境旅游地域系统就是在一定空间层次下在边境地区中形成的边境旅游地域系统。它包括边境旅游供给子系统、需求子系统、通道子系统，这个系统本身不是封闭的、局部的、间断的，而是开放的、全面的、持续的，这样就需要我们研究整体系统及各个部分的变化与动态发展。

七、协同理论及应用

协同论（synergetics）亦称"协同学"或"协和学"，是系统理论的一个重要分支，在20世纪70年代而兴起一门新兴学科。1971年由著名物理学家哈肯（Hermann Haken）提出，其后在其作品《协同学导论》《高等协同学》中进一步详细阐述了协同学理论。协同论是研究处在非线性关联的开放系统在与外界进行能量交换时如何进行自己内部协同作用，从无序结构到自发地出现时间、空间和功能上的有序结构的过程。其中整体系统协同发展的关键是找到序参量，进而指导系统更好地从无序到有序结构，进而使整体系统出现内部的质变，形成新的结构和功能。协同理论的核心是自组织理论。自组织理论、系统论、控制论、协同论、动力学理论来共同探索其自组织的演化过程。协同理论来源自物理学理论，最初是研究物理学领域中流体动力学模型的形成、大气湍流等问题；后来应用到化学领域研究各种化学波和螺线的形成、化学钟的振荡。协同理论是将无生命的世界与有生命的世界建立起联系的桥，在微观世界从生物形态的功能与结构的无耗散结构到耗散结构，到社会区域经济系统中的自然、经济、社会、人口等子系统结构与功能，区域经济系统各子系统中因为有了更为加强的内部因素人的因素，其自组织则更为复杂，同时也提出了对协同发展的调控、引导以及如何促进系统内链条的形成和制度问题的解决。

在边境旅游地域系统中，运用协同理论的思想思考以下问题。在边境旅游地域系统中，边境旅游资源、国内外边境城市、口岸的发展都要进行协同发展。特别是东北地区边境旅游涉及的地域范围相对较大，内部由多个边境城市、不同体制的国家、不同区域组成，如果不进行协同发展则区域整体及各个子系统都将不能很好地发展。旅游本身需要各系统的协作，否则整个系统将处在一种离散状态或是相互排斥的无序状态下，难以形成合力，从而制约东北边境旅游良性发展。

通过东北地区边境旅游的合作，建立协同发生的链条，整体旅游资源、旅游市场、旅游通道，制定能够使整个系统形成自主性、形成自组织与找出序参量，建立必要的区域协同发展的组织协调机制、相应的区域政策、产业政策等一系列的经济制度，实现东北地区边境旅游协同发展，促进整体东北老工业基地的区域经济提升。

第三章
边境旅游地域系统构成

第一节 边境旅游与边境旅游地域系统概述

一、边境旅游的界定

目前经济一体化、政治集团化、文化多元化的边境地区，可能成为研究全球化问题最有利的现实实验场之一。边境地区成为新的经济增长点而受到广泛关注。从20世纪30年代开始，国外不同学科（特别是地理学、经济学、社会学）的学者加入边境旅游的研究之中，但学科间相互影响较少。至1978年9月国际联盟游憩工作组会议召开，使边境旅游成为关注的热点。国内的边境旅游开始于1987年辽宁省丹东一日游旅游线路的推出，1988年4月18日，丹东国际旅行社组织了由旅游局局长邵静泰为团长的44人，乘坐黄海大客车路经鸭绿江大桥到达新义州的一日游之旅，标志着中国第一批公民的旅游团打开了中朝边境旅游的大门，开始了我国边境旅游序幕。但是至今，对于边境旅游的概念也没有达成统一的共识。

（一）国外概念的界定

在英语单词中"border""frontier""boundary"都有边境的含义，但是侧重点不同，一般情况下，"border"表示边境，或是界线；"frontier"专门指代边疆或是边境；"boundary"指边境。英文中还有"cross_border tourism"跨境旅游。边境地区的研究进行得较早，但是直到2006年，Sofield才首次提出边境旅游"border tourism"的概念。Timothy在其文献中研究边境旅游最多，虽然他并没有最先提出边境旅游的概念，但其丰富了边境旅游的广阔内涵，他认为边境旅游有三重属性，包括旅游吸引力、旅游障碍和旅行中转带。国际旅游认为，边境旅游应该包括一日游及多日游。

（二）国内边境旅游的提出与产生

1989年新疆地理所的毛宝俤针对新疆旅游业发展提出西部口岸的开放，发展"开放"的客源、信息。含蓄地提出了开发红其拉甫口岸外，还应开辟霍尔果斯口岸，吐尔孕特口岸的边境旅游，但并未明确用到边境旅游的名词，1989年祈群首次研究了中国与苏联边境城市的旅游，探索了边境旅游中货币结算的阻碍以及中苏边境的贸易购物旅游的兴起。1992年孙文昌提出了易货旅游、第三国旅游（跨国旅游）。易货旅游，主要指旅游客源输出国以提供出口商品物质的方式支付本国旅游者在其他国家旅游所需的费用。第三国旅游，即跨国旅游，应把主要时间放在我国境内进行，然后到朝、俄、蒙境内观光。这样边城和第三国双重旅游点的吸引，会使更多的旅游者进入边疆地区，扩大边疆地区的外汇收入。国内边境旅游围绕着边境贸易、易货旅游开始，边境旅游的概念最早在1994年由姚素英提出的，她从发生学角度进行定义边境旅游，边境旅游是指相邻两国或地区的居民，在双方接壤的对外开放的边境城市或地区互相进行短程旅行游览的行为。张广瑞指出，边境旅游是人们通过边境口岸所进行的跨越国境的旅游活动。国内的边境旅游的定义是以文件形式下发的，1996年中国国家旅游局颁布的《边境旅游旅行管理办法》对边境旅游进行了界定，边境旅游是指经批准和指定的部门组织和接待我国及毗邻国家的公民，集体从制定的边境口岸出入境，在双方政府商定的区域和期限内进行旅游活动。陈永涛从地区与时限角度进行定义边境旅游，熊礼明从参游范围进行定义边境旅游，李明则把在边境线周围的旅游活动统称为边境旅游。对于边境旅游的定义目前也没有统一定论，但有三点是一致的：一是边境旅游是一种独特的出境形式；二是边境旅游活动发生在边境地区附近，并且可以跨越边境线；三是国内边境旅游不包括过夜要求，为一日游。现在边境旅游的发展确实在努力进行过夜的旅行活动。本书研究的边境旅游界定为一日游和多日游。

二、边境旅游分类

边境旅游是出境旅游的一种特殊形式，边境旅游也是国内旅游向国际旅游的延伸。按照不同的边境（线）地区与旅游区的关系，各研究者对边境旅游进行了划分。Timothy根据旅游者跨越边境线的难易程度和社会文化的相近度进行划分，他认为边境旅游可以划分为四种：①跨越文化差异大的边境区，如以色列和阿拉伯国家的边境区；②跨越难、文化差异小的边境区，如中国和蒙古边境区；③跨越易、文化差异大的边境区，如希腊和土耳其边境区；④跨越易、文化差异小的边境区，如美国和加拿大边境区。Matznetter按照边境线和旅游区的关系将边境旅游划分为三种类型：①两个旅游区位于国境线两边，距离较远，边境成为旅游发展的障碍物或旅游中转地，对旅游影响的大小取决于边境的渗透度；②单个旅游区位于国境线一边，紧靠国境线，游客除了被旅游区一侧吸引外，也会被另一侧吸引，即旅游业发展的外溢效应；③两个旅游区紧靠国境线或国境线穿越一个旅游区，两边旅游区联系紧密度取决于边境开放度。Martinez按照旅游活动与边境线的距离将边境分为疏远型边境（Alienated Borders）、共存型边境（Co-existent Borders）、互依型边境（Interdependent Borders）和整合型边境（Inte grated Borders）四种类型。

国内边境旅游类型由国内学者按照其不同的标准进行了划分，张广瑞按边境旅游的目的、地区、旅游消费主体进行划分边境旅游的类型。从动力机制与目的分为：①贸易驱动型，如中国东北和西北与原苏联国家的边境旅游；②观光驱动型，如中朝边境旅游；③购物观光型，如中国的西南与缅甸和南部边境地区的云南、广西两省（区）与老挝和越南的边境旅游。按地区分为东北、北部；西北边境地区；西南边境地区；中国香港、澳门游。从旅游费用的支付主体来分，自费旅游和非自费旅游两大类。姚素英认为边境旅游可以划分为探亲旅游、观光旅游、购物旅游、商务旅游、疗养旅游五个大类。国外的研究多以边境线与旅游活动或是旅游区的相互关系进行边境旅游的分类，而国内多以区域、消费行为为分类标准。国内外分类的标准不同，主要源由国外的边境旅游发展早在研究之前，而国内的边境旅游研究早在研究之前。

三、旅游地域系统的界定

地域系统研究是从区域角度研究地域综合体的，揭示地域分异规律，探讨地域单元的形成发展、分异组合、划分合并和相互联系的学科，是对过程和类型综合研究的概括和总结，旅游地域系统是由旅游主体、旅游客体、旅游通道三部分组成的经济—地理系统。旅游地域系统是地理空间上的一个实体单元，它具有一定的层次性、开放性、优化性和地域性。它的空间层次由全国旅游地域系统、区域性的旅游地域系统、省域旅游地域系统以及省域内的其他旅游地域系统的四个经济—地理系统。除了这四个按照区域空间尺度下的旅游地域系统外，还可以按照经济—自然—地理空间划分为边境旅游地域系统和内地旅游地域系统。但是旅游地域系统不同于其他的如经济地域系统、自然地域系统，它不一定非具有空间的连续性。

四、边境旅游地域系统的内涵

边境旅游地域系统是从区域角度研究边境地域综合体，揭示边境地域旅游分异规律，探讨地域单元边境旅游的形成发展、分异组合、划分合并和相互联系的规律与机制，是对过程和类型综合研究的概括和总结。它是边境旅游系统在空间上的表现形式，是由相互关联、相互作用的若干部分构成的一定地域空间上的有机整体，包括自然、社会、经济等众多因素，既是一个要素综合体，又是一个地域综合体，具有发生、发展的演化过程，它体现了系统结构与功能相互关系及其本质属性。边境旅游地域系统是由边境旅游需求子系统、边境旅游供给子系统、边境通道子系统三部分组成的。在其研究有宏观和微观之分，研究宏观的时候研究边境旅游客源子系统，而在微观研究中，不考虑边境客源子系统，仅对旅游活动发生的地域实体空间系统进行研究。

旅游地域系统是一个非平衡、非线性的开放系统，所谓非平衡性指组成边境旅游地域系统的子系统及其单元的功能、作用不是等同的、平均的，这就是边境旅游地域系统间各子系统之间互补、重组的协作及势差的动态变化。所谓非线性就是指边境旅游地域系统中各子系统的变化不成比例、系统的整体功能的非可加性和与之相关的放大作用。开放性是其对外联系，不只从外界获得物质、能量、信息，同时也向外界释放物质、能量、信息，是一个开放性的系统。

第二节　边境旅游地域系统特点

旅游地域系统是具有系统特征的多功能、多层次、多类别的旅游带、旅游区、旅游路线、旅游点系列的复合体。边境旅游地域系统因其所处的空间地域不同，除具有旅游地域系统的特点外，同时还具有其独特的形式与特点，是一系列具备游览对象和设施的地域综合体构成几个相互联系和制约的游憩地域层次，高层次制约着低层次，低层次组成高层次；旅游地域系统中的每一层次与相邻各层次之间存在旅游主导功能的差异，各层次的游憩地域都有自己的主体功能和优势，可与其他地域相竞争。

一、敏感度高与涉外性强

从边境旅游系统所在的空间吸引范围和界限的不同，对边境旅游的参与者来说，出境旅游是国内旅游的延伸，将国内旅游活动和国际旅游活动结合在一起。从跨越国境来看，它又是国际旅游的一种。因此，中国与接壤国家的外交关系是边境旅游开展的基础，边境旅游活动又是经济活动中的一部分，开展边境旅游对促进边境贸易和整个边境地区的经济发展具有重要作用。对边境旅游的经营管理者来说，组织边境旅游要经过口岸、海关等双方国家安全部门的通过，且依靠国家取得边境旅游经营权限，邻国的旅游通道开通等政策，方能够开展边境旅游活动。边境旅游系统要完整、高效运作，需要涉及跨国、跨省、跨市、跨民族等诸多问题的沟通与解决，边境地区的区域合作是复杂的，与内陆地区的区域合作相比，存在较大变数。某些敏感地区，一旦国际关系发生问题，则必然导致旅游合作的中止。比如，如果中国与俄罗斯关系紧张，中俄边境旅游将受到关闭或是中止；两国关系正常，则两国边境旅游则顺畅。综上所述，边境旅游地域系统具有敏感度高与涉外性强的特点。

二、交互共存性、圈层叠加性

边境旅游是邻国乃至几个邻国共同合作而成的旅游活动，从一开始就在旅游接待设施及旅游活动中呈现出多种形式和各具特色而不是简单的一个模式。在一些交通条件好的、经济相对发展、对方国家开放意识强的边境地区，如东北地区的边境地区，边境旅游者多呈多向流动、规模大、影响范围广、程度大、开展层次深。在一些可进入性差、经济相对落后、对方国家开放意识相对较差的地区，如中老、中尼边境地区，边境旅游不是规模增长，数量较小，多以中国出境旅游为主，单身旅游者流动为主。有些地区受气候、地形的制约较大，如中巴边境地区，只能在一定季节进行一些贸易活动，其他时候难以开展边境旅游活动。还有一些边境地区，新疆与吉尔吉斯斯坦、哈萨克斯坦地区和东北的中国、朝鲜、俄罗斯交界区等，不只是邻国间的边境旅游，还有多国间的边境旅游；不只是两国间的双向交流，旅游者可在多国间进行多向交流，同时多国受益。边境旅游地域系统形成了多种跨国旅游合作圈，例如中俄、中亚、中朝、中缅、中越等旅游圈。各合作圈层间存在明显的叠加性特征，比如满洲里则为中俄旅游合作圈，既是中俄蒙三国贸易、文化交流的纽带，同时也是中俄旅游合作与中蒙旅游合作的叠加地区。再如珲春市则为中朝旅游圈，既是中俄朝三国免签证环形跨国游的一个节点城市，也是中俄旅游合作与中朝旅游合作的叠加点。这样的边境城市很多，所以边境旅游地域系统又具有单边、双边、多边的交互共存性与圈层叠加性的特点。

三、多种利益主体

边境地区在开展旅游活动的同时，受益方往往不是一国的多个利益主体，还要涉及不同国家间的利益主体。每个国家间都需要自己的利益最大化，这样在边境旅游地域系统中，协调各国利益主体及本国利益主体间的路径通畅则是保证边境旅游顺利进行的关键所在。

四、异质性明显

中国边境周围有14个国家，它们具有不同社会意识形态、民族、宗教等背景的差异，地域文化差距较大，以致边境旅游系统内的区域差异明显，旅游业态同质性少，异质性明显。在我国边境线绵长，边境线两边的陆路边境与口岸城市往往处在文化环境与地理环境差异较大的区域，也使边境旅游地域系统的旅游资源差异较大，因旅游资源开发的旅游产品、旅游服务及旅游设施也形成了高度异质化的旅游产品和旅游业态。边境旅游资源有两种特点：一种是边境两侧资源差异较大，差异分为三种情况。第一，边境两侧的旅游自然资源差异较大，人文旅游资源相仿；第二，文化旅游资源差异较大，自然旅游资源相似；第三，人文与自然旅游资源差异都很大。另一种是边境两侧文化相仿、旅游资源相仿，包括人种、肤色、生活习惯等都相似，但是对于旅游者来说，还是有很强的吸引力，在他国有不同的货币、语言、习俗、举止等，同样对旅游者产生强大的吸引力，同时也圆了出国梦。边界口岸的本身对旅游者也构成了吸引力，比如工作人员的状态、工作程序、服饰、语言等，因为其神秘感，也带给旅游者旅游的动力。

第三节 边境旅游地域系统的结构

根据边境旅游地域系统不只是要素集合体，同时又是地域综合体，这里从要素结构及地域结构两方面进行探讨其内部结构问题。

一、要素结构

一个系统的特征和规律，大多是由系统要素及系统结构决定的，而系统结构更能反映出系统的主要特征。这里从边境旅游地域系统内部划分出边境旅游需求子系统、边境旅游供给子系统、边境旅游通道子系统三个次一级系统。同时每一子系统又包含着更小更多的子系统内容，它们都有各自的结构。

边境旅游需求子系统，既是旅游客源地子系统，也是旅游者子系统，它是根据旅游者的消费行为和群体市场特点，向边境旅游地域系统及其他要素提出需求的，它可以分解为边境旅游行为结构和边境旅游市场结构两部分，进而研究边境旅游地域系统的旅游者数量与结构、边境旅游流的时空特征表征要素。

边境旅游供给子系统，或者说是边境旅游资源子系统，或是边境旅游吸引力子系统更确切些。它包括边境地区美丽的自然资源与人文资源，也包括有独特意义的边境无线与无形的旅游吸引物，如边境线或是边界的地面标识物（大门、界柱、界桩、铁丝网、警戒线、警告牌、路面线、土墙、石牌、沟壑、土地、桥梁、电网、篱笆等）、出入关的手续、过关边境警察、建筑等，语言、文字、风情风俗等，在其他地区都是司空见惯的，但是在边境地区这些自然与人文的存在都将成为旅游吸引物子系统。

边境旅游通道子系统是边境旅游供给子系统与需求子系统之间连接的纽带，包含内容最多，可以分为边境交通系统和边境信息系统、边境公共服务系统。边境交通系统包括陆路、水路、海路、空运等交通相互配合及联系；边境信息系统包括边境营销、边境规划与开发等；边境公共服务系统包括旅游基础设施、旅游服务设施、旅游服务管理与经营、政策等内容。

各种边境旅游地域系统组成要素都是相同的，但是其组合方式不同，从而其系统功能不同，因而会出现各自不同的系统特征。图3-1给出了边境旅游地域系统的结构形式简图，只是从质上表达了一种结构范式及组合方式，但它们间的定量特征还有待研究。

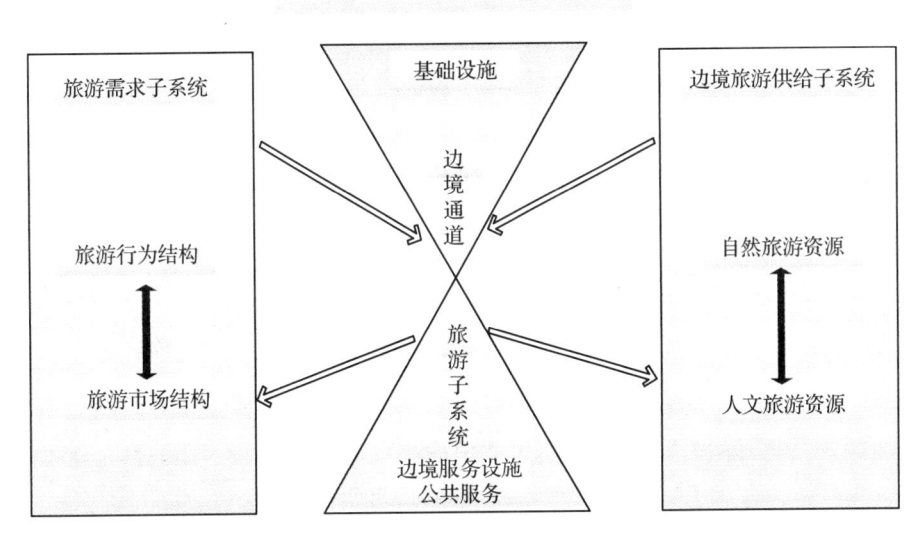

图 3-1 边境旅游地域系统结构

二、地域结构

边境旅游地域系统在不同国家的组合及结构形成了不同大小、等级、层次的内部结构或是旅游核心区、旅游缓冲区、旅游边缘区。边境旅游地域系统等级层次结构的地域划分按克里斯泰勒的中心地理论有其异曲同工之处。边境旅游的某一国的边境城市为其核心区，其辐射范围包括本国与邻国的全部区域，也可能有两个核心区，其辐射包括本国与邻国边境地区或是周边城市。地域结构包括地域系统空间的点（中心城市）、线（交通干线）、面（经济圈层）以及网络。这些地域结构中的点、线、面、网络都具有不同形态、不同结构和不同辐射程度，它们的运动决定着整个边境旅游地域系统的空间结构变化。

点是边境旅游活动的中心，它既是发展边境旅游的地域核心，也是旅游经济活动最活跃的地方，更是边境旅游经济的空间"集聚点"。其表现形式应该为边境城市、中心城市。其系统向内向外交流，表现为城市间势能高低，边境城市势能高时，则表现为边境旅游促进中心城市的发展，形成中心城市与边境城市间的一体化发展；当边境城市势能相对较低时，则表现为中心城市向外辐射，边境城市不足，边境城市相对边缘化，需要政策、信息、物质等的激励，促进边境城市的发展。

线则是指主要交通干线。一方面交通干线是物质、能量、信息、人流、资金等全要素的流动的"通道"；另一方面其本身也发生扩展、发散等运动。对地域联系影响有着不可替代的作用。如上海到珲春高铁的开通，将会改变吉林省边境地区的旅游市场结构，进而影响整个吉林省边境地区的旅游活动。

面是指经济圈层及腹地，既相对中心而言的边缘地区，也是边境旅游活动的场所。其空间及内部要素的集聚程度受到中心的影响，中心势能强，则中心的经济腹地则大，圈层越复杂，否则会成为落后地区，如图 3-2 所示。

网络是指交通线、信息交织而成的网络。网络变化影响整个系统在地域内的时间与空间上的展开次序。

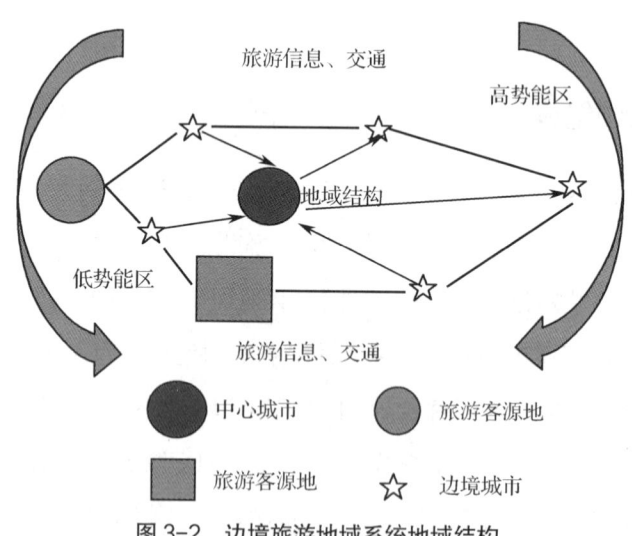

图 3-2 边境旅游地域系统地域结构

三、边境旅游地域系统与外部联系

边境旅游地域系统有其内部结构，也有其外部联系。根据现代经济学的外部性理论，边境地区与所在国家的中心城市进行着外部联系，东北地区的城市化水平影响着边境旅游系统的发展，这种外部效应可能是正向的也可能是负向的。这种输入—转换—输出的过程使边境旅游地域系统内部熵值发生变化，进而影响整个系统的结构与发展。通过信息、技术、经济、能量的流动，发现旅游流、经济联系间在系统内的变化，进而形成新的系统变化。旅游内外交通、当地的旅游经济增长、GDP等代表着系统的内外联系，进而使边境旅游地域系统有了勃勃生机。

第四节 边境旅游地域系统的类型

一、从景观地域角度

边境旅游地域系统从景观地域角度来看，包括界线、警告牌、路面线、铁丝网等标识、口岸等自成一体的独特的存在于本国与邻国的旅游地域单元。它有特定的旅游地域空间、人文环境、异域风情等。按边境旅游城市景观的作用和资源特色，边境旅游地域系统可分为资源型边境旅游地域系统、商贸型边境旅游地域系统、文化型边境旅游地域系统。资源型边境旅游地域系统内的边境景观独特，有地区标志意义，边境城市以其旅游资源吸引力强而成为边境旅游地域系统的核心城市。商贸型边境旅游地域系统则是以边境城市中独特的贸易景观为主，贸易往来成为边境旅游城市中的景观特点。文化型边境旅游地域系统是以边境城市中浓郁的民族风情、风俗、风物为主的景观特点，如图3-3所示。

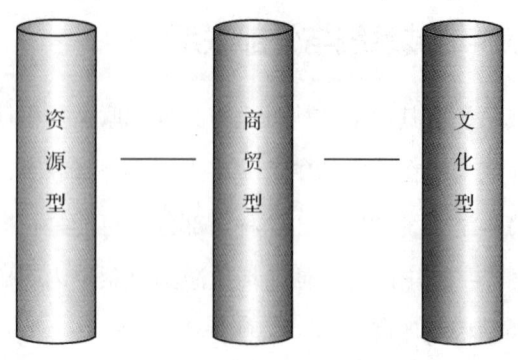

图 3-3　边境旅游地域系统景观类型

二、从经济学角度

从经济学角度来看，边境旅游地域系统包括供给系统、需求系统、支持系统与保障系统。旅游地域的空间范围由旅游者完成食、住、行、游、购、娱等旅游活动所需的时间距离（时间/元）R_t和通达的空间距离R_d（时间/元）构成，R_d的最大值不可超过本口岸与本国其他边境口岸的空间距离，超过了为国际旅游，国内旅游的旅游者的旅游活动空间距离不会超过R_d的最大值，为此，边境旅游可以作为国内旅游的一种延伸，但边境旅游的空间尺度由相邻国的两个R_d构成，如图3-4所示。

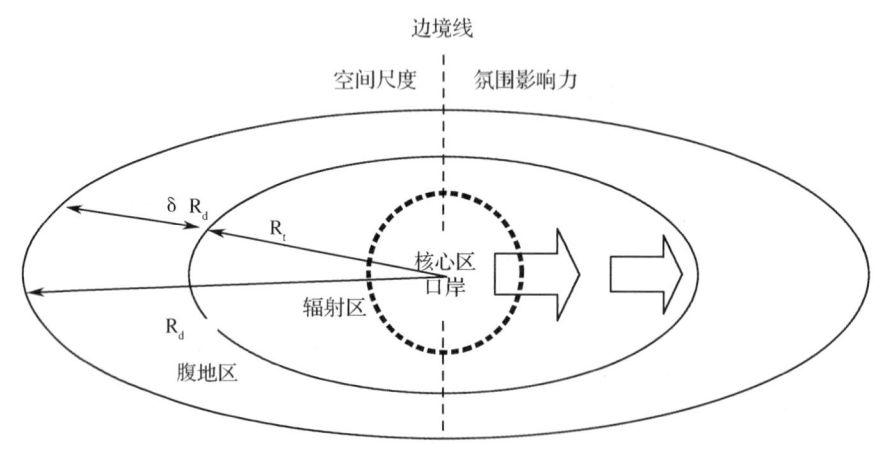

图 3-4　边境旅游的空间范式

注：$R_d = V \times R_t + \delta R_d$，$V$是可达性的速度指标，$\delta R_d$是不相邻国开放的腹地空间距离。

三、从辐射程度与影响力角度

边境旅游地域系统按辐射程度与影响力可以分为核心区、辐射区、边缘区三部分。核心区的异质性景区及相异人文特征是边境旅游吸引力的核心；距离边境口岸越远，核心区影响力也在削减，最后融为国内旅游。在边境旅游地域系统核心区，两国或是多国边民可以往来频繁且行动自由。在本国边境一侧表现为邻国人口数量、密度较多，并成为常态。旅游者能够强烈感受到异国文化及边境风情，是两个边境国家在政治、经济、文化直接交集融合的区域；辐射区是核心区与边缘区的过渡区，受到邻国文化的影响力相对较低，但是能够感觉到邻国的影响力，同时邻国人口的数量也相对较少。在边缘区却全然没有邻国文化的影响力，同时邻国人口的数量也几乎没有，如图 3-5 所示。

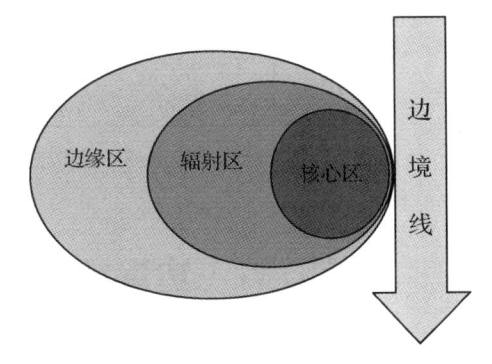

图 3-5 边境旅游地域系统辐射与影响力

四、按边境国分类

按边境国的多少可以分为两国边境旅游地域系统或是多国交界边境旅游地域系统。抽象为数学表达为边境区域 = 核心区 =I。利用集合的表现形式为 I={A ∩ B}={A ∩ B ∩ C}={A ∩ B ∩ C ∩ D ∩ …} 相交区域的大小决定了边境地区的影响力的大小，相交区域越大，边境区域的影响力则越大，相交区域越小，则边境区域的影响力越小，如图 3-6 所示。在自然界中每个物种的进化过程都是经历自然选择的结果，从而形成特定的形态和功能，所以在生态空间中占有特定的生态位，形成生命系统的多样性。在自然生态系统中，自然物种的生态位实际上是物种能获得和利用的生态资源空间，生态位越宽，物种的适应性越强，可利用的资源越多，物种的竞争力越强。同样，在社会生态系统中的边境旅游地域系统内,同样存在着生态位。我们把生态位相交区域定义为核心区,影响力大的区域为高势能区,影响力小的腹地区为低势能区。高势能区的边境影响力会向低势能区流动,并随着距离而减少。

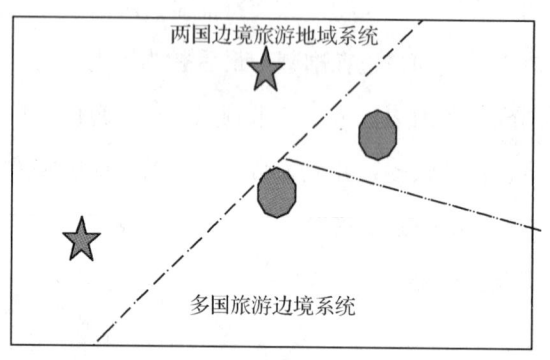

图 3-6 边境旅游地域系统国别类型

第五节 边境旅游地域系统的影响因素

一、地缘政治关系

地缘政治关系是边境地理空间和国际政治权力之间的关系,如获取天然疆界、控制重要海路和占据战略要地对国际政治权力的重要性。主权国家及地区之间的合作中没有权力机构是凌驾于主权国家之上的。各个相邻国家更多的是考虑对本国主权领土的控制与对外扩张,国际政策的变化,决定了边境地域系统的空间结构形成发展的决定性因素。边境旅游地域系统对国际政治政策敏感度较高,口岸的关闭与开放都受到口岸所在国的政策影响,边境旅游地域系统是一个开放性的系统,只有在邻国间口岸通畅才能实现系统的开放性。边境旅游非领土区域性在边境旅游地域系统中非地理性质表现得十分突出。随着区域集团化和旅游大众化的影响,各国在进行多利益主体的利益分配上受到地缘政治的影响,例如双方国家进行跨境旅游合作需要进行政府间的协调,并根据各自利益主体进行磋商和制定有利于双方旅游合作的方针政策。

二、边境城市发展水平

边境城市发展水平与商品经济的发展程度是制约边境旅游地域空间结构形成的关键因素。空间结构层次的高低、网络系统的发达程度、区域核心与其他边境城市和外围地域的发展水平等，主要受边境城市发展水平的直接制约。边境城市发展水平高，其边境城市的贸易往来发展快，边境贸易带来人流、物流、信息流的发展，提升边境旅游发展的基础设施条件、增加边境旅游服务水平，往往形成一个边境旅游城市群体，网络体系也发达，外围地域包括外围国的经济复杂多样，整个空间结构处在一个高层次；否则相反。

三、边境资源组合与存量

边境资源组合与存量是边境旅游地域系统空间结构形成的内容与载体，是边境旅游地域系统中影响其结构的基础性因素。边境旅游资源丰富、组合良好的地区，结构也较为紧密，更容易形成区域中心城市；边境旅游资源组合较差、旅游资源存量较少的地区，受到自身资源情况的影响，而成为边境旅游地域系统中的腹地区。旅游资源分布与组合状况，直接影响空间结构的形式和内容。

四、社会历史因素

有些边境地区由于历史悠久，经过长期的历史积累，边境贸易比较丰富，旅游空间结构有其特有的路径依赖。由于长期受到国内与国外重要行政中心的作用，使所在地域的核心旅游资源、旅游服务得到快速发展，形成发达的网络系统，以强大的核心带动外围地域的发展，往往形成边境旅游地域系统的中心城市。如丹东、满洲里等地区的发展。同时行政区划对地域空间结构的影响也很明显，特别是城市发展水平低的地域，行政隶属性在空间结构与相互作用上表现得更为明显。

第四章
东北地区边境旅游地域系统诊断

新中国成立后，我国的边境旅游最早在东北地区开始。边境地区最初更多的是用来防御与军事功能，而旅游则是在边境地区开放后的产物。这里按照边境地区城市功能变化与旅游发展相结合把东北地区边境旅游发展分为三个阶段。

第一节　东北地区边境旅游发展阶段

一、萌芽阶段（1978~1991年）：边境旅游与边境贸易寄生发展

从1978年全国进行改革开放，在边境城市开放中有两种形式：一种是对内陆开放，另一种是对境外开放，而边境城市在开放初期就进行了两种开放形式。各地边境城市都陆续进行了口岸开放，边境城市首先进行的是边境贸易，并伴随着边民交流、访友与探亲。1982年重新启动中朝边境贸易会谈，1982年和1983年恢复新疆、内蒙古对苏、对蒙的边境贸易。1985年中朝两国边境城市丹东、新义州进行了互访，边境旅游最初的形式开始出现。

边境旅游真正开始是在 1987 年辽宁省丹东一日游旅游线路推出。边境旅游活动是在 1988 年正式开始，1988 年 4 月 18 日，丹东国际旅行社组织了由旅游局局长邵静泰为团长的 44 人，乘坐黄海大客车路经鸭绿江大桥到达新义州的一日游之旅，标志着中国第一批公民的旅游团打开了中朝边境旅游的大门，开启了我国的边境旅游序幕。1988~1990 年，国家国务院接连批准黑龙江省、辽宁省、吉林省和内蒙古自治区等部分边境城市进行边境旅游活动。但这一时期，更多的边境城市都是以边境贸易为主，伴随少量旅游者，由于边境旅游人数少、没有一定的规模、边境旅游政策也不统一，因此，边境贸易占主导地位，边境旅游只是边境贸易的从属物。此阶段学者们并未开始研究边境旅游。

二、起步阶段（1991~2000 年）：边境旅游与边境贸易共生发展

随着改革开放的大潮，中国边境贸易快速发展，1992 年国务院宣告进一步对外开放黑河等四个边境城市的通知，边境贸易与边境旅游开始快速发展，但同时在边境贸易中的假物、对等补偿旅游贸易、跨国旅游等问题也随之出现，抑制了边境旅游的发展。1992 年 9 月 5 日吉林省旅游局实施《吉林省边境旅游暂行管理办法》，1994 年 1 月 25 日内蒙古自治区实施了《内蒙古自治区中俄边境旅游暂行管理办法》，1993 年国家对边境旅游进行了整顿，1996 年 3 月国务院批准并在 1997 年 10 月正式实施了《边境旅游暂行管理办法》。1998 年 6 月 3 日国家旅游局、外交部、公安部联合海关总署发布关于施行《中俄边境旅游暂行管理实施细则》的通知。此时边境旅游与边境贸易互相促进发展。地理学者开始涉及对边境旅游的研究，孙文昌、张广瑞早期对边境旅游资源特征进行了研究。孙文昌对东北地区的边境旅游资源类型进行了划分，张广瑞分析了中国边境旅游的基本类型、基本特点及发展趋势，崔庠从珲春资源独特性出发探索了珲春市的边境旅游可持续发展的路径与必然性。

三、发展阶段（2001年至今）：边境旅游与边境贸易伴生发展

2001~2010年全国兴边富民行动规划纲要提出要进一步利用好丹东、珲春、黑河、绥芬河、满洲里等沿边开放城市与东北亚的区位条件，重点对俄、蒙、朝等国家边境贸易。"十一五"兴边富民行动规划（2005~2010年）提出促进边境贸易发展，带动边民致富和地方增收、大力发展口岸经济，发展边境旅游，促进出入境旅游健康发展。"十二五"兴边富民行动规划（2011~2015年）强调要挖掘边境地区传统文化资源、打造特色文化品牌，依托边境旅游资源开发重点边境旅游景区和边境特色的旅游线路，鼓励发展边境旅游等。在"十一五"期间，黑龙江省的黑河又形成特色的边境旅游线路、旅游产品也由边境旅游发展成内容丰富的集度假、购物、边境旅游为一体的多元旅游产品。东北地区的边境贸易额也在逐年增加，东北各边境口岸基础设施开始提高。边境旅游业成为旅游业不可缺少的一部分。学者在这一阶段的研究也开始增加，且多元化起来。

第二节 东北地区边境旅游系统构成

东北边境旅游地域系统中所涉及的边境城市有14个地级市，38个市县，其中14个地级市分别为通化、延边、白山、鸡西市、双鸭山市、伊春市、黑河市、大兴安岭地区、鹤岗市、佳木斯市、牡丹江市、丹东市、呼伦贝尔、兴安盟。如表4-1所示其接壤所在地。东北边境旅游地域系统分别与朝鲜、蒙古国、俄罗斯等国构成为高一级别的东北亚边境旅游地域系统。

东北边境旅游地域系统包括东北边境旅游供给系统、需求系统及通道系统。东北地区的宏观环境构成边境需求系统的宏观市场环境，影响东北地区边境旅游需求的竞争力分析、旅游者特征情况及旅游者满意度。东北边境旅游供给系统构成包括边境旅游资源的赋存环境、边境旅游资源，东

北地区边境旅游地域系统受到边境旅游吸引物的规模与特色、功能与价值、丰度与知名度的影响。东北地区的供需以外的内容影响着东北地区边境旅游地域系统的通道系统，通道系统决定着供需两个子系统之间的经济、空间、组织的交换是否健康进行，进而促进整个系统的向上发展。

表 4-1 东北边境城镇对应表

省份	市	序号	县、市	对应境外城镇	序号	县、市	对应境外城镇
辽宁	丹东市	1	东港	新义州（隔海）	2	宽甸	永丰
吉林	通化	3	集安	满浦			
	白山	4	临江	中江	5	长白	惠山
	延边州	6	南坪	茂山	8	图们	南阳
		7	龙井	钟城	9	珲春	新杰列弗尼亚
黑龙江	牡丹江	10	绥芬河	波格拉尼齐内			
	鸡西	11	当壁镇	土里罗格	12	虎头	达利涅列琴斯克
	双鸭山	13	饶河	比金			
	佳木斯	14	抚远	哈巴罗夫斯克	15	同江	下列宁斯科耶
	鹤岗	16	名山	阿穆尔捷特			
	伊春	17	嘉阴	奥勃卢契耶			
	黑河	18	逊克	波亚尔科沃	19	黑河	布拉戈维申斯克
	大兴安岭	20	呼玛	库马拉	21	漠河	伊格纳斯诺
内蒙古自治区	呼伦贝尔	22	室韦	奥洛奇	23	黑山头	多撒图一
	兴安盟	24	满洲里	外贝加尔斯克	25	伊尔施	巴彦布尔德

第三节 东北地区边境旅游系统供给现状

一、东北地区边境旅游供给系统构成

东北地区边境旅游供给系统包括边境独特的自然景观、自然环境、地理位置和社会历史等旅游资源，其名山大川、民族民俗风情、流泉飞瀑都构成了东北地区边境旅游供给系统。钟林生教授带领其团队通过对陆地边境县域旅游资源进行调查，整理出中国陆地边境旅游资源单体有3263处，同时参照《旅游资源分类、调查与评价标准（GB/T 18972—2003）》（以下简称《标准》）中旅游资源分类体系及评价标准，得出全国的边境旅游资源涵盖8个主类和31个亚类，142个基本类型，仅差13个基本类型便涵盖了旅游资源的全部基本类型。东北地区边境旅游资源包括中俄、中蒙、中朝三个区域。中俄边境旅游资源的中俄界江旅游资源单体总数为350处，占比全国边境旅游资源单体总数为11%，依据《标准》对其进行分类（见表4-2）。由表4-2可知：中俄界江旅游资源单体350处，共涵盖8个主类占比全国100%、31个亚类占全国100%和81种基本类型占比全国57%。自然旅游资源单体共114处，占总数的32.57%；人文旅游资源单体236处，占总数的67.43%。从基本类型来看：其总数为81种，占《标准（GB/T 18972—2003）》总数的52.26%。

二、东北地区边境旅游资源的类型与数量

通过旅游资源单体现状调查、大量相关文献收集整理、部分重点旅游资源单体的实地考察，以及与各地方政府旅游部门座谈交流等方式，对东北地区边境旅游资源进行了调查与整理，共提取了447处有代表性的旅游资源单体。

依据《标准》中的旅游资源分类对东北陆地边境旅游资源进行分类。旅游资源分类结构为主类、亚类、基本类型三个层次，每个层次的旅游资源类型有相应的拼音代号，如表3-2所示。

表 4-2　东北陆地边境旅游资源类型数量统计

主类名称	亚类名称	基本类型名称	各类单体数量统计/个 基本类型	亚类	主类
A 地文景观	AA 综合自然旅游地	AAA 山丘型旅游地	20	4	5
		AAB 谷地型旅游地	2		
		AAD 滩地型旅游地	2		
		AAF 自然标志地	2		
	AB 沉积与构造	ABG 生物化石点	2	1	
	AC 地质地貌过程形迹	ACA 凸峰	1	9	
		ACB 独峰	1		
		ACC 峰丛	1		
		ACE 奇特与象形山石	3		
		ACG 峡谷段落	2		
		ACH 沟壑地	2		
		ACL 岩石洞与岩穴	1		
		ACM 沙丘地	1		
		ACN 岸滩	1		
	AD 自然变动遗迹	ADE 火山与熔岩	4	1	
	AE 岛礁	AEA 岛区	25	1	
B 水域风光	BA 河段	BAA 观光游憩河段	15	1	6
	BB 天然湖泊与池澡	BBA 观光游憩湖区	9	2	
		BBB 沼泽与湿地	10		
	BC 瀑布	BCA 悬瀑	6	2	
		BCB 跌水	1		
	BD 泉	BDA 冷泉	2	1	
	BE 河口与海面	BDB 地热与温泉	4	2	
		BEA 观光游憩海域	2		
	BF 冰雪地	BFB 常年积雪地	1	1	
C 生物景观	CA 树木	CAA 林地	21	2	3
		CAC 独树	1		
	CB 草原与草地	CBA 草地	1	2	
		CBB 疏林草地	1		
	CD 野生动物栖息地	CDA 水生动物栖息地	1	3	
		CDB 陆地动物栖息地	3		
		CDC 鸟类栖息地	1		
D 天象与气候景观	DA 光现象	DAA 日月星辰观察地	1	3	2
		DAB 光环现象观察地	2		
		DAC 海市蜃楼现象多发地	1		
	DB 天气与气候现象	DBD 极端与特殊气候显示地	2	1	

续表

主类名称	亚类名称	基本类型名称	基本类型	亚类	主类
E 遗址遗迹	EA 史前人类活动场所	EAA 人类活动遗址	4	1	2
	EB 社会经济文化活动遗址遗迹	EBA 历史事件发生地	2	6	
		EBB 军事遗址与古战场	13		
		EBD 废弃生产地	1		
		EBE 交通遗迹	1		
		EBF 废城与聚落遗迹	25		
		EBG 长城遗迹	1		
F 建筑与设施	FA 综合人文旅游地	FAA 教学科研实验场所	2	11	7
		FAB 康体游乐休闲度假地	9		
		FAC 宗教与祭祀活动场所	12		
		FAD 园林游憩区域	10		
		FAE 文化活动场所	6		
		FAF 建设工程与生产地	6		
		FAG 社会与商贸活动场所	1		
		FAH 动物与植物展示地	6		
		FAI 军事观光地	4		
		FAJ 边境口岸	14		
		FAK 景物观赏点	5		
	FB 单体活动场馆	FBC 展示演示场馆	11	1	
	FC 景观建筑与附属性建筑	FCB 塔形建筑物	3	5	
		FCG 摩崖字画	1		
		FCH 碑碣（林）	8		
		FCI 广场	2		
		FCK 建筑小品	1		
	FD 居住地与社区	FDA 传统与乡土建筑	1	4	
		FDB 特色街巷区	3		
		FDC 特色社区	8		
		FDD 名人故居与历史纪念建筑	1		
	FE 归葬地	FEA 陵区陵园	1	2	
		FEB 墓（群）	14		
	FF 交通建筑	FFA 桥	3	2	
		FFC 港口渡口与码头	1		
	FG 水工建筑	FGA 水库观光游憩区段	4	4	
		FGC 运河与渠道段落	1		
		FGD 堤坝段落	1		
		FGE 灌区	1		

续表

主类名称	亚类名称	基本类型名称	基本类型	亚类	主类
G旅游商品	GA地方旅游商品	GAA菜品饮食	12	7	1
		GAB农林畜产品与制品	13		
		GAC水产品与制品	3		
		GAD中草药材及制品	7		
		GAE传统手工产品与工艺品	16		
		GAF日用工业品	1		
		GAG其他物品	2		
H人文活动	HA人事记录	HAA人物	2	2	4
		HAB事件	2		
	HB艺术	HBA文艺团体	3	2	
		HBB文学艺术作品	1		
	HC民间习俗	HCA地方风俗与民间礼仪	2	5	
		HCB民间节庆	16		
		HCC民间演艺	7		
		HCD民间健身活动与赛事	2		
		HCG饮食习俗	1		
		HGH特色服饰	1	1	
	HD现代节庆	HDA旅游节	7	3	
		HDB文化节	4		
		HDD体育节	3		
总计			447	92	30

各类旅游资源类型在边境地区的分布如表4-3所示，在东北地区边境旅游资源丰度中，建筑与设施类占数量上的绝对优势，这与全国边境旅游资源丰度一致，同时在地文景观、天象与气候景观、遗址遗迹、旅游商品、生物景观主类中，东北地区边境旅游资源丰度比全国的丰度要高，说明东北地区边境旅游资源具有不可替代的历史遗留的自然与文化珍宝。在整个主类中，建筑与设施丰度最高，天象与气候景观最低，全国只有28处，东北地区占4处。

表4-3 东北地区边境旅游资源主类对比

项目	地文景观	水域风光	生物景观	天象与气候景观	遗址遗迹	建筑与设施	旅游商品	人文活动	总计
全国丰度	16.8	14.3	6.9	0.9	8.7	38.4	6.3	7.7	100
东北地区丰度	17.4	13.6	7.4	1.8	12.4	32.5	8.9	6.0	100

三、旅游资源质量等级

本标准采用打分评价方法，评价主要由调查组完成。本标准依据"旅游资源共有因子综合评价系统"赋分。旅游资源共有因子综合评价系统设"评价项目"和"评价因子"两个档次。评价项目为"资源要素价值""资源影响力""附加值"。其中："资源要素价值"项目中含"观赏游憩使用价值""历史文化科学艺术价值""珍稀奇特程度""规模、丰度与概率""完整性"；"资源影响力"项目中含"知名度和影响力""适游期或使用范围"；"附加值"含"环境保护与环境安全"等八项评价因子，总计100分。按得分高低分为五个等级，其中五级、四级、三级称为"优良级旅游资源"，二级、一级称为"普通级旅游资源"。对旅游商品及人文活动部分因标准不统一而没有做评级，涉及的旅游资源单体个数为170处。

在整个评级过程中，除了对边境地区旅游资源的详细调查外，也参看了当地政府部分地方的报告、景点简介等内容。在涉及的全国1060处旅游资源单体、东北边境有447个旅游资源单体中，东北地区优良级旅游资源单体共有26处，如表4-4所示。可见边境旅游资源类型的丰度与知名度对边境旅游资源吸引力的影响较大。

表4-4 东北地区边境优良级旅游资源单体

省份	五级旅游资源	四级旅游资源	三级旅游资源
吉林省	长白山、图们江源头河段、防川三国边境景观区	集安将军坟、集安五女峰、龙岗火山、雪山湖、临江温泉、仙锋森林公园、长白国家森林公园、丸都山城、仙景台风景名胜区、中朝图们口岸、安图水库	集安老岭、安图福满生态沟、鸭园溶洞、防川沙丘地、防川莲花湖、图们江下游敬信湿地、头道白河药水泉群、抚松大营子温泉、锦江瀑布、花山森林公园、龙井天佛指山松茸保护地、珲春春化东北虎保护区、间岛日本总领事馆、延边二十四块石群、集安国内城、西古城渤海中京遗址、八连城渤海遗址、集安官马山城、霸王朝山城、龙井公园、长白山自然博物馆、龙井朝鲜族民俗博物馆、延边东方熊乐园、"土"字碑、中朝古城里口岸、中朝圈河口岸、中俄珲春长岭口岸、四保临江纪念馆、珲春龙虎石刻、安图长白山文化广场、红旗民俗村、临江烈士陵园、集安五盔坟、龙头山贞孝公主古墓群、德新龙岩渤海古墓群、云峰电站水库

续表

省份	五级旅游资源	四级旅游资源	三级旅游资源
辽宁省	丹东鸭绿江国家风景名胜区、宽甸天桥沟国家级森林公园	丹东五龙山风景区、天桥沟国家森林公园、丹东白鹭自然保护区、白石砬子国家级自然保护区	丹东大孤山风景名胜区、宽甸天华山风景名胜区、丹东大鹿岛、丹东太平湾风景区、丹东宽甸鸭绿江自然保护区、丹东黄椅山火山森林公园
内蒙古自治区	巴丹吉林沙漠、大河唐城、清代两城、巴里坤草原、喀纳期湖、额济纳胡杨林、东风航天城、哈密魔鬼城、大垒鸣沙山、喀尔里克冰川、诺敏风城	阿尔山冷泉群、阿尔山避暑气候地、阿尔山石塘林、阿尔山温泉群、海森楚鲁怪石林、月亮湖沙湖景观区、贺兰山松布尔景观区、广宗寺（南寺）、莫尔道嘎森林、莫尔道勒河"九曲回肠"	
黑龙江省	北极村、兴凯湖、黑龙江龙江三峡段、龙骨山恐龙化石出土地、乌苏里江、黑瞎子岛、呼市和诺尔草原	额图山、洪河自然保护区、三江口、街津口赫哲族民族村、中俄自驾车营地、贝加尔庄园、牡丹峰自然保护区、呼市伦湖满洲里市口岸、名山岛、嘉荫茅兰沟国家森林公园、嘉荫神州英雄博物院、珍宝岛、虎头要塞、瑗珲卧牛湖、瑗珲清朝遗址群、黑河口岸、三江湿地、建三江农业景观、乌苏镇	华夏东极、漠河观音山、保兴观音山、察哈彦冒烟山、金顶山龙掌岩石峰、龙头山、画山崖壁、鹤岗太平沟、高升滩、哈鱼岛、太平岛、大黑河岛、女雅通As、吴八老岛、黑龙江源头、大力加湖、海青荷花湖、永安东湖、中兴月牙湖、虎口湿地自然保护区、月牙湖草地类自然保护区、海青四合湿地、平阳河湿地、铁西森林公园、街津山国家森林公园、联营红松原始树林、龙江三峡国家森林公园、瑗珲国家森林公园、胜山要塞国家森林公园、画山草甸区、黑龙江日出、北极光、新开流遗址、东方第一哨、孙吴胜山侵华日军遗址群、旅俄华侨纪念馆、江湾最北水稻种植遗址、洪河农场现代农业景观、抚远口岸、漠河口岸、吉祥口岸、北大荒开发建设纪念馆、四排风情园、黄金小镇、瑗珲历史陈列馆、知青博物馆、八岔乡赫哲族风情、黑龙江流域博物馆、八十里大湾观景塔、抓吉赫哲族村

四、东北地区边境旅游吸引物的特点

（一）神秘性、庄严感

边境地区本属经济中心的边缘区，处于政府管理的边缘地带，往往这样的地区也受多山多河流等地形的阻碍，交通并不方便，人口相对较少，经济多为不发达地区，人员往来相对较少。其双方边境区都形成了独特的民族文化，且保存相对纯正、原生态。特别是在边境地区的原始宗教与生活习惯，在外界看来也充满了神秘性与庄严感。边境的意象、边境线等人为制定的边界标识也使边境区旅游资源充满庄严感。边境线成为两种文化、两种风俗习惯、语言或是两种社会意识形态的分界线，自然与人为的这种边境本身就有其神秘性与庄严感。

（二）空间分布的断裂性与集中性

边境旅游资源与所处邻国的旅游资源特色相关，带有很强的他国色彩，东北边境地区面对三个政治体制、宗教、风俗、文化不同的国家，在空间分布上其旅游资源类型与特色存在明显的断裂性，相同的地域景观单元，由于不同国家而出现断裂。在边境旅游分布上，又集中存在某个相邻的景观地域单元，在旅游资源分布中存在三个层次的旅游资源集聚区。第一层次主要集中在延边地区、丹东地区，第二层次主要集中在佳木斯、鹤岗、牡丹江地区，第三层次分散在其他边境地区。优良级旅游资源在各地区分散存在，并没有集中在一个边境城市。

第四节 东北地区边境旅游通道系统现状

东北地区边境旅游通道包括旅游交通通道和旅游信息通道。旅游交通通道与信息通道是沟通旅游供给子系统与旅游需求子系统的空间通道。旅游交通通道是旅游者到旅游目的地的基础保障，而旅游信息通道是旅游目的地吸引旅游者的动力因素，交通通道与信息通道的良性循环构成东北地区边境旅游通道系统。

一、东北地区边境旅游区域边而不远，与中心城市之间交通相对便利

东北边境旅游居民区都分布在以哈尔滨—长春—沈阳为圈心的350~600千米的半径内。其中丹东距离沈阳的距离为最近，不到200千米。高铁时代的时间距离则更是在1个小时之内。除了漠河距离黑龙江省会相对远些，有800千米的直线距离。同时西北边境地区和西南边境城镇距离省城直线距离一般在500~1000千米，同时存在高山、深谷和沙漠，交通不便，为边境旅游的发展带来一定的自然限制。这既为开展边境旅游与中心城市联系提供了交通的便利，也为区域边境旅游合作带来了空间可能性。

二、东北地区边境旅游的服务设施现状

目前东北地区各边境城市拥有星级宾馆、旅行社数量如表4-5所示，可以看出，2013年在边境城市中星级酒店相对较少，数量最多的为丹东市，其次是呼伦贝尔市、延边州地区，都是边境旅游发展相对较早的地区，而黑龙江省的星级酒店数量相对较少。在旅行社与地接社方面，内蒙古自治区边境地区的旅行社相对较多，而黑龙江省的边境地区旅行社数量较少。在接待服务方面，除星级酒店与旅行社外，在各边境城市也兴建一批汽车旅馆、经济型酒店、旅游区（点）住宿接待设施、青年自助宾馆、旅游家庭宾馆和城镇社会旅馆等多种形式互补的旅游住宿接待体系，基本上能够满足目前边境旅游市场的需求，但在软件服务上相对较差，主要是受北方旅游季节的限制。

表4-5 2013东北地区边境城市拥有星级饭店、旅行社数量情况

单位：个

城市	数量（星级饭店/旅行社）	城市	数量（星级饭店/旅行社）	城市	数量（星级饭店/旅行社）	城市	数量（星级饭店/旅行社）
呼伦贝尔市	39/180	通化市	33/34	伊春市	17/40	佳木斯市	9/13
兴安盟	21/51	延边州	38/143	黑河市	8/33	鹤岗市	11/9

续表

城市	数量（星级饭店/旅行社）	城市	数量（星级饭店/旅行社）	城市	数量（星级饭店/旅行社）	城市	数量（星级饭店/旅行社）
白山市	31/52	鸡西市	8/10	牡丹江市	27/37	丹东市	42/80
双鸭山市	5/6	—	—	—	—	—	—

资料来源：根据各市旅游局网站数据统计而成。

三、东北地区边境旅游的信息宣传效应现状

东北地区的边境旅游资源丰富，原始性明显，但是其认知度很低。东北统一旅游营销平台尚未建立，而地方营销平台更多的是一种信息发布。边境地区因为区域经济发展及城市化水平的制约，其信息宣传则更差。虽然目前也有一些传统宣传手段，如在中央电视的广告、报纸宣传、户外媒体的应用等。同时也有一些地方以节庆形式为主做一些宣传，如黑龙江省北极村的网上营销，吉林省珲春地区的边境旅游线路推荐会，内蒙古满洲里的草原文化节、冰雪节、啤酒节等节庆活动，都进一步提高了边境旅游景区知名度和影响力。同时，在各个网络平台（去哪网、携程网、途牛网）上推出精品旅游线路（见表4-6），也有的地区进行创意特色旅游商品营销、设计特色旅游项目吸引专门市场、利用影视音乐等媒介推广东北形象。目前每个边境区域都有旅游门户网站，如黑龙江省开通的旅游微博等。但是对旅游资讯公益服务工程、统一的旅游公益服务网络的使用相对较差，在网络百度浏览痕迹中发现，针对旅游业发达的华东地区"华东旅游景点大全"的浏览量为9890000条记录，而针对东北地区"东北旅游景点大全"的浏览量仅为3410000条记录。针对边境省份来看，"云南省"为8010000条记录，"吉林省"为3310000条，"吉林边境"为165000条，"辽宁边境"为175000条，"黑龙江省边境"为151000条，"内蒙古自治区边境"为1620000条记录。由此可见，东北地区及东北边境地区的传统方式宣传重视程度较大，对新兴宣传渠道的应用相对较小，而这种网络宣传将成为距离中心城市相对较远的边境旅游发展的主要宣传媒介。

表 4-6 东北地区边境旅游各网页推荐精品旅游线路

市场细分	线路推荐
老年市场	线路一：哈尔滨—长春—沈阳—大连城市旅游线路
	线路二：长白山—镜泊湖—绥芬河旅游线路
商务游客和高端市场	线路一：阿尔山—海拉尔—额尔古纳—漠河旅游线路
	线路二：阿尔山—北大湖—亚布力冬季滑雪度假旅游
年轻学生市场	线路一：海拉尔—满洲里—额尔古纳—漠河（北极村）
	线路二：长白山—吉林—长春—乌兰浩特—阿尔山
自驾车游客线路	大连—丹东—集安—长白山—延吉—珲春—绥芬河—兴凯湖—珍宝岛—抚远
北京出发跨越四省区经典游线	北京—赤峰—克什克腾旗—锡林浩特—东乌珠穆沁旗—霍林郭勒—扎鲁特旗—乌兰浩特—阿尔山—新巴尔虎左旗—新巴尔虎右旗—满洲里—海拉尔—牙克石—扎兰屯—齐齐哈尔—大庆—哈尔滨—长春—通化—集安—丹东—大连—沈阳—北京（此线路也可将沈阳或大连作为始发地）
长白山为目的地自驾车游线	北京—沈阳—长春—吉林—延吉—长白山—通化—沈阳—北京；或哈尔滨—长春—吉林—桦甸—长白山—延吉—敦化—镜泊湖—牡丹江—哈尔滨
阿尔山和呼伦贝尔为目的地的游线	沈阳—科尔沁左翼后旗—通辽—扎鲁特旗—霍林郭勒市—乌兰浩特—阿尔山—海拉尔—扎兰屯—齐齐哈尔—大庆—哈尔滨—长春—沈阳（此线路也可将大连、长春、哈尔滨等作为始发地）
漠河北极村为目的地的自驾车游线设计	哈尔滨—大庆—齐齐哈尔—海拉尔（满洲里）—额尔古纳—根河—满归—漠河—北极村—漠河—加格达奇—嫩江—五大连池—北安—绥化—哈尔滨（此线路也可将北京、沈阳、大连、长春作为始发地）
抚远为目的地的自驾车游线设计	哈尔滨—绥化—伊春—鹤岗—佳木斯—同江—抚远—饶河—虎林—密山—鸡西—牡丹江—哈尔滨

资料来源：根据去哪儿网、携程网、途牛网 2013 年网站统计得来。

第五节 东北地区边境旅游需求系统现状与时空特征

随着"一带一路"倡议的提出，边境旅游发展在政策上更是获得优势。如表 4-7 所示的边境旅游中，2013 年九个省区边境旅游外汇收入达到 929491 万美元，占比全国国际旅游外汇收入的 18%，可见边境省份的旅游在全国旅游中占有重要地位。其中东北地区国际旅游外汇收入达459616万美元，占比全国边境省份国际旅游收入的49.45%，表明东北地区边境省份旅游在全国的边境旅游省份中同样占有重要地位。边境省份旅游总收入达15144.9亿元，占比全国旅游总收入的51.38%，东北地区旅游总收入达9954.04亿元，占比全国边境省份的65.73%。同时在旅游接待总人数上，东北地区也占据边境旅游省份的前列，全国边境省份接待旅游总人数149016.48万人次，占比全国旅游接待总人数的43.94%，东北地区接待旅游总人数为85916.89万人次，占比全国边境省份的57.66%。

表4-7 中国边境省份2013年旅游收入与人数情况

所属区域	省份	旅游总收入（亿元）	国际旅游外汇收入（万美元）	旅游接待总人数（万人次）
东北地区	内蒙古自治区	1403.46	96229	161.61
	辽宁	5289.5	247714	46186
	吉林	1477.08	55237	10369.28
	黑龙江	1384	60436	29200
西南地区	广西	2057	154730	24701.5
	云南	2111.24	241818	24533.5
	西藏	165.18	12786	1291
西北地区	新疆	637.24	58502	2505.59
	甘肃	620.2	2039	10068.4
	总计	15144.9	929491	149016.88
	全国	29475	5166354	339100

资料来源：中国旅游局网站。

东北地区为我国边境旅游的发源地，从1978年以来边境旅游者日益增长，进而形成东北亚旅游合作圈，形成了中俄、中韩、中日、中蒙为主体的东北亚出入境客源市场，互为旅游目的地。可见边境地区的旅游以国内客源市场为主，国际旅游份额相对较少，仅占到17.99%，东北地区也是如此。通过对四省区旅游市场的旅游总收入来看，辽宁省的旅游市场占据东北地区的首位。2013年旅游总收入达到5289.5亿元，旅游总接待人数46186万人次，国际旅游外汇收入

247714 万美元。其中辽宁省的旅游总收入、旅游总接待人数、国际旅游外汇收入占比东北地区 55.36%、53.8%、53.9%。内蒙古地区相对所占份额较小，特别是蒙东地区占比更小，大约为 1.54%、2.46%、3.56%，都不足 5%。

东北地区的边境旅游主要涉及的省份有黑龙江省、吉林省、辽宁省和内蒙古自治区东部地区，其毗邻的有朝鲜、蒙古国东部地区、俄罗斯陆路接壤的国家。在边境旅游中，东北地区主要以陆路旅游为主，而贸易多以海路运输为主。下面从东北地区的入境市场、出境市场、整个旅游市场进行分析东北地区边境需求系统的结构。

一、市场现状结构

（一）入境旅游市场

2013 年东北地区的入境旅游者总数为 1320.59 万人，旅游外汇收入为 159750 万美元。东北三省的入境旅游接待量占据绝对优势如图 4-8 所示，分别占东北地区边境入境旅游市场的 95.58%，旅游外汇收入的 80.03%，其中辽宁省所占市场份额最大。从 2003 年到 2013 年，东北地区边境入境旅游呈上升趋势，2008 年边境旅游增长达到最高峰，奥运会效应在后期东北地区的边境旅游中发挥的作用并不明显，2010 年后开始缓慢增长，黑龙江省的部分边境城市入境旅游接待人数开始下降，同时兴安盟地区入境旅游人数也呈现出下降的趋势。吉林省的边境旅游接待入境人数一直处于上升趋势，这可能与图们江地区国际示范区的批准有关，同时受"一带一路"国家倡议的影响，边境城市的入境旅游者数量将进一步增加。

在东北地区的旅游外汇收入对比中发现（见图 4-2），东北三省及蒙东地区的旅游外汇收入中，内蒙古自治区与辽宁省的旅游外汇收入增长趋势大，而吉林省的旅游外汇收入增长趋势较小，黑龙江省旅游外汇收入增长变动较大。从边境城市的入境旅游收入上来看，与旅游人数的变化趋势基本相仿，但是波动性相对较小，无论是边境旅游入境人数还是收入，呼伦贝尔与牡丹江市都在边境城市中居重要位置。

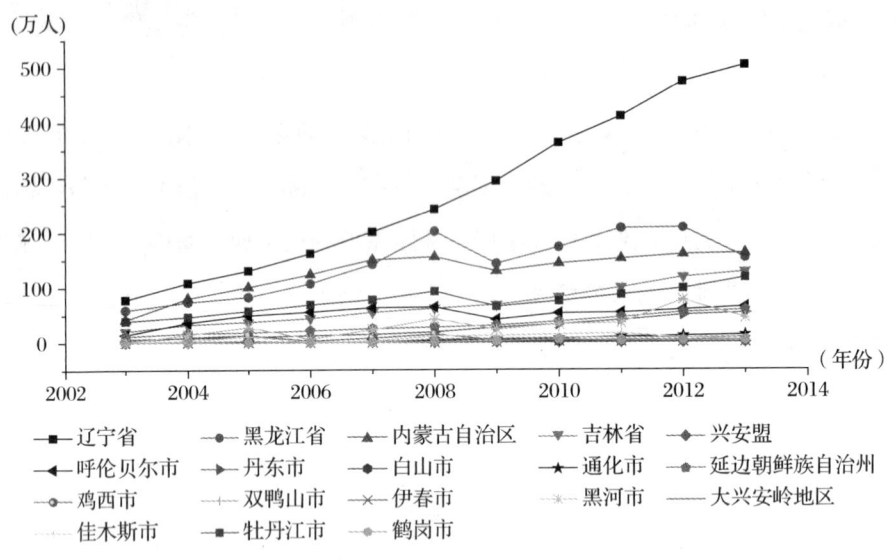

图 4-1 2003~2013 年东北地区入境旅游接待人数变化趋势

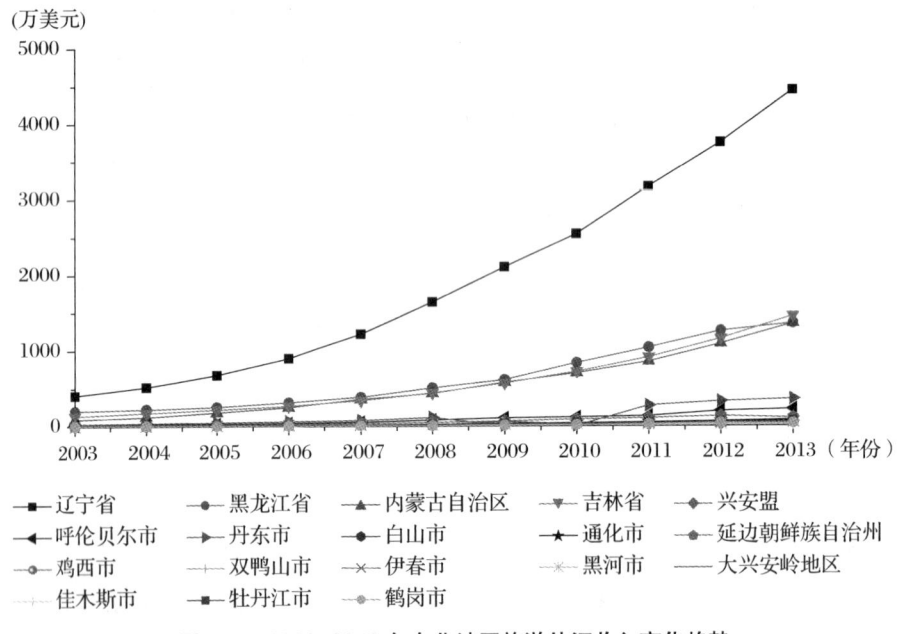

图 4-2 2003~2013 年东北地区旅游外汇收入变化趋势

从图 4-3 可以看出,从 2003 年到 2013 年,内蒙古自治区与呼伦贝尔市接待入境旅游人数变化趋势基本一致,其增长趋势稍慢于东北地区内的整体增长，而兴安盟其边境城市入境旅游基本变化不大。从图4-4可知，内蒙古自治区边境旅游的外汇收入中呼伦贝尔市占比较大。兴安盟的入境旅游人数虽然增长很慢，但其外汇旅游收入相对起伏较大。

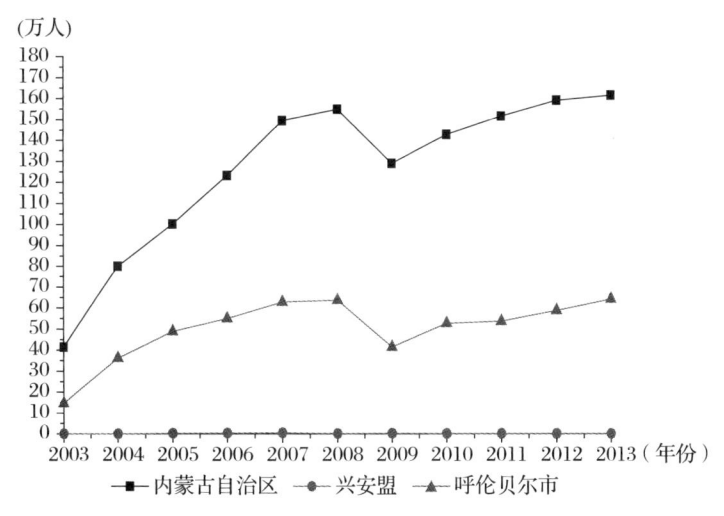

图4-3　2003~2013年内蒙古与边境城市入境人数变化趋势

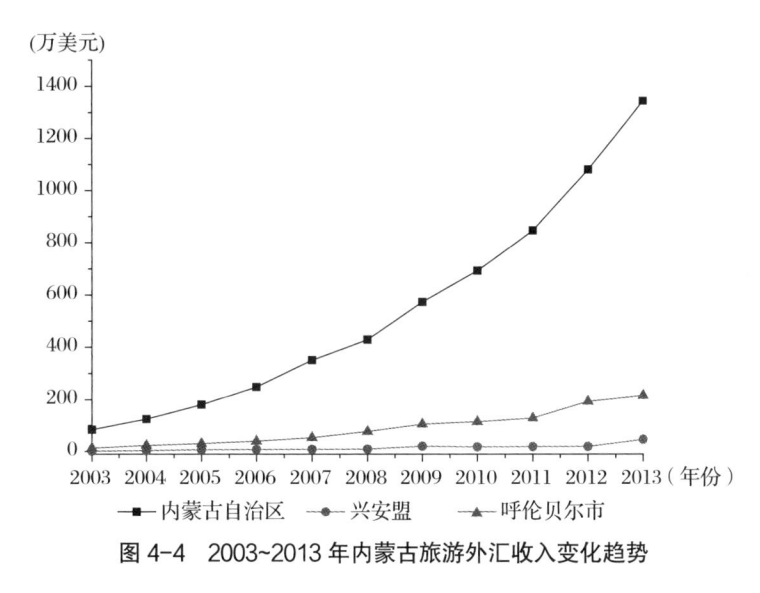

图4-4　2003~2013年内蒙古旅游外汇收入变化趋势

从图4-5中可以看出，黑龙江省的牡丹江市、黑河市的入境旅游发展与省内的入境旅游发展趋势一致，而其他边境城市的入境旅游接待基本上变化不大。从图4-6来看，黑龙江省边境旅游城市的旅游收入在2009年后整体开始下降，下降的程度呈波动性变化，在 2012 年达到最低，2013 年后有的边境城市入境旅游收入开始上升。

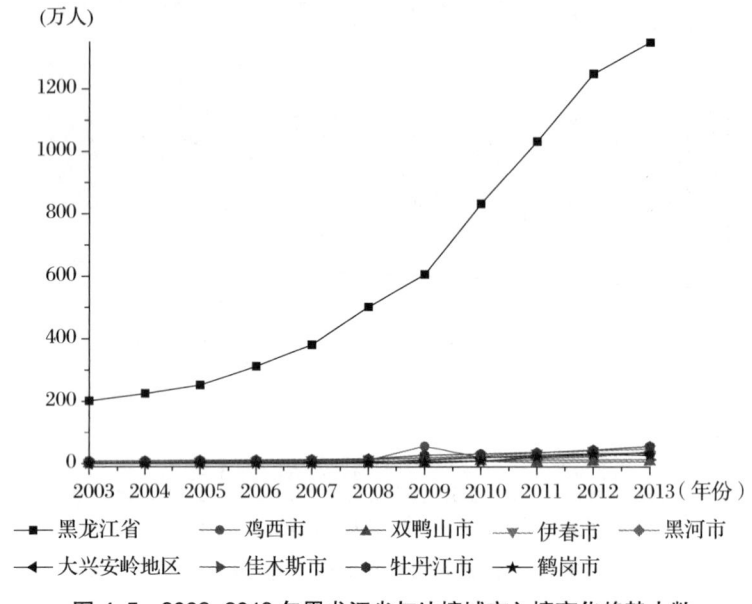

图 4-5　2003~2013 年黑龙江省与边境城市入境变化趋势人数

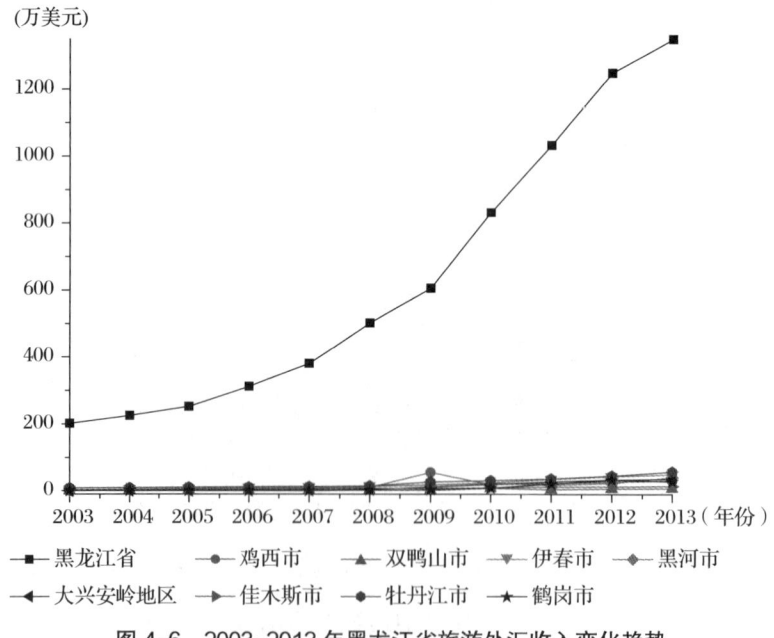

图 4-6　2003~2013 年黑龙江省旅游外汇收入变化趋势

从图 4-7 可以看出，2003~2012 年辽宁省的入境旅游与丹东市的入境旅游变化趋势总体上是上升的，但是丹东市的入境旅游人数增长相对较快，辽宁省是东北地区旅游发展最好的省份，其旅游城市多集中在沿海沿江地区。丹东的边境旅游是辽宁省的特色旅游，在旅游入境收入上发现丹东的入境旅游收入占据辽宁省入境旅游收入的大部分（见图 4-8），与其入境旅游人数变化趋势相一致。

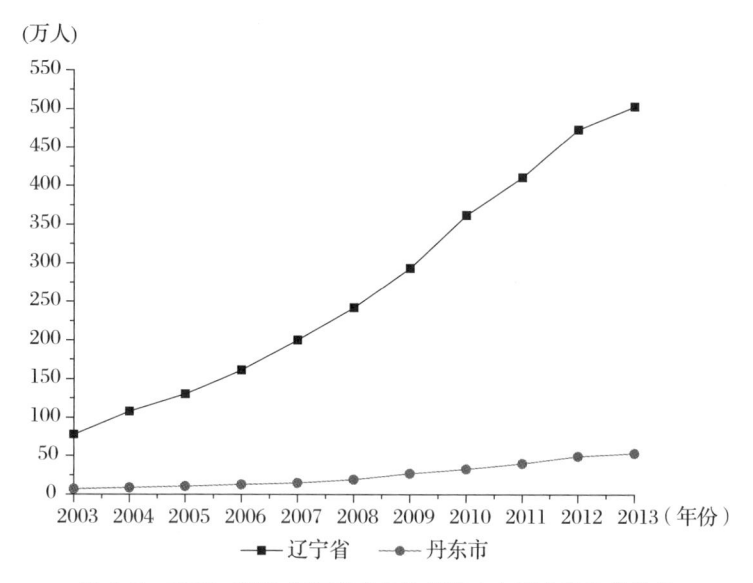

图 4-7　2003~2013 年辽宁省与边境城市入境人数变化趋势

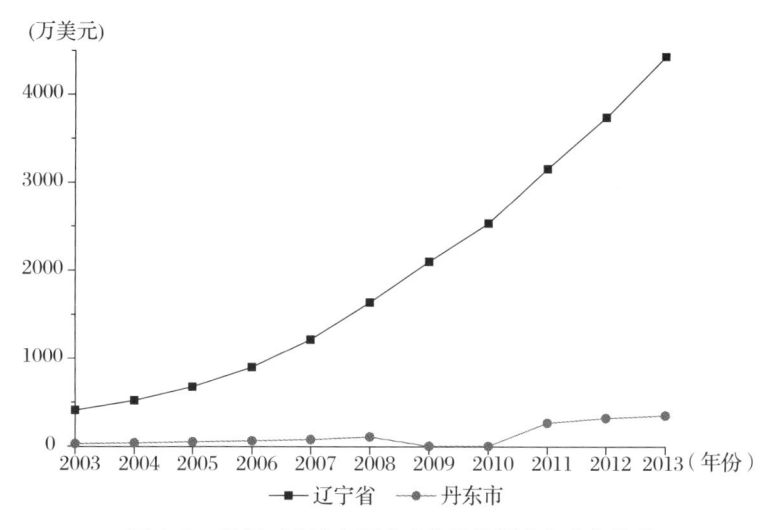

图 4-8　2003~2013 年辽宁省旅游外汇收入变化趋势

如图 4-9、图 4-10 所示，2003~2013 年延边州的入境旅游增长趋势快于吉林省总体的增长趋势，而白山与通化的入境旅游相对增长较慢，但总体上都是以增长为主。入境收入主要来源于边境城市。

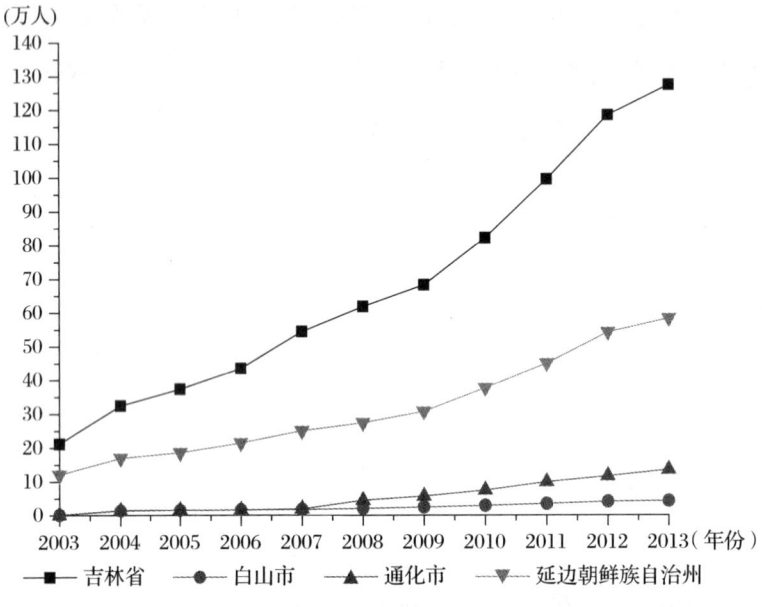

图 4-9　2003~2013 年吉林省与边境城市入境人数变化趋势

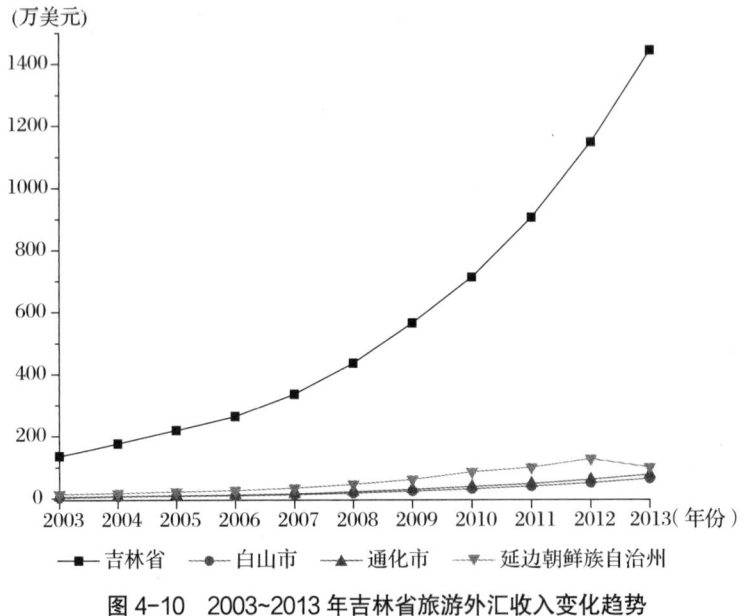

图 4-10　2003~2013 年吉林省旅游外汇收入变化趋势

（二）东北边境地区的国内旅游市场

2013年东北边境城市的国内旅游人数为10680.84万人，国内旅游收入达到1117.755万元。从整个边境城市上来看，丹东国内旅游人数最多达到2659人次，占边境城市国内旅游人数的25.01%，国内旅游收入348万元，占比国内边境城市旅游收入的31.24%，也是位居边境城市中的首位。大兴安岭地区无论是从国内旅游人数还是国内旅游收入都是增长最快的地区。其次是呼伦贝尔市、牡丹江市、延边州的国内旅游人数所占份额较大，分别占总人数的12.64%、10.12%、7.8%，其国内旅游收入占比分别是19.24%、5%、9%。最后是鹤岗市、佳木斯市国内旅游人数所占比重较小，双鸭山市、佳木斯市国内旅游收入所占比重最低。从2003~2013年国内边境旅游人数上看，从2008年后，国内旅游人数增长缓慢，国内旅游收入增长也开始变慢，同时在2013年有下降趋势（见图4-11、图4-12）。

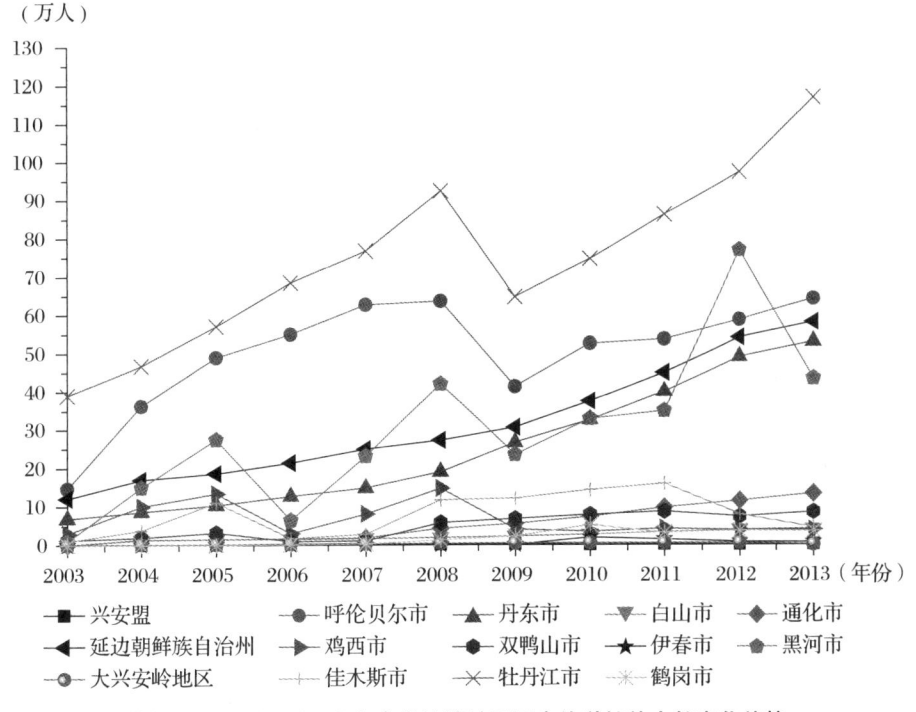

图4-11　2003~2013年东北边境地区国内旅游接待人数变化趋势

(万美元)

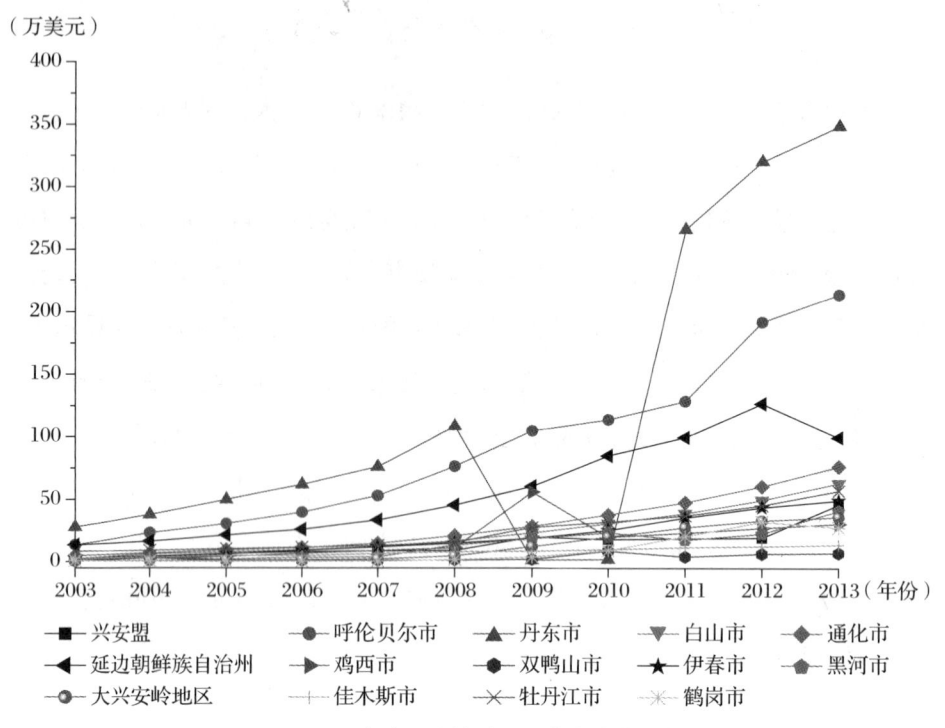

图4-12 2003~2013年东北边境地区国内旅游外汇收入变化趋势

从图4-13和图4-14可以看出，内蒙古边境旅游城市的旅游人数与国内旅游收入变化幅度一致，一直保持着增长的趋势。在2008年后增长变缓。从图4-15和图4-16可以看出，黑龙江省边境城市国内旅游人数增长，而国内旅游收入变化却与国内旅游人数持续增长不同，在不同年份，不同城市间会出现一起波动性的变化，总体上来讲，黑龙江省内的旅游收入相对变化幅度较小。从图4-17和4-18来看，辽宁省丹东市的国内旅游人数与国内旅游收入与省际的增长趋势一致，十年来持续增长。从图4-19和4-20看，吉林省国内旅游人数与国内旅游收入除延边州在2013年有所下降外，另外两个边境城市的国内旅游基本以相同速度增长，增长程度也与吉林省的增长程度一致。

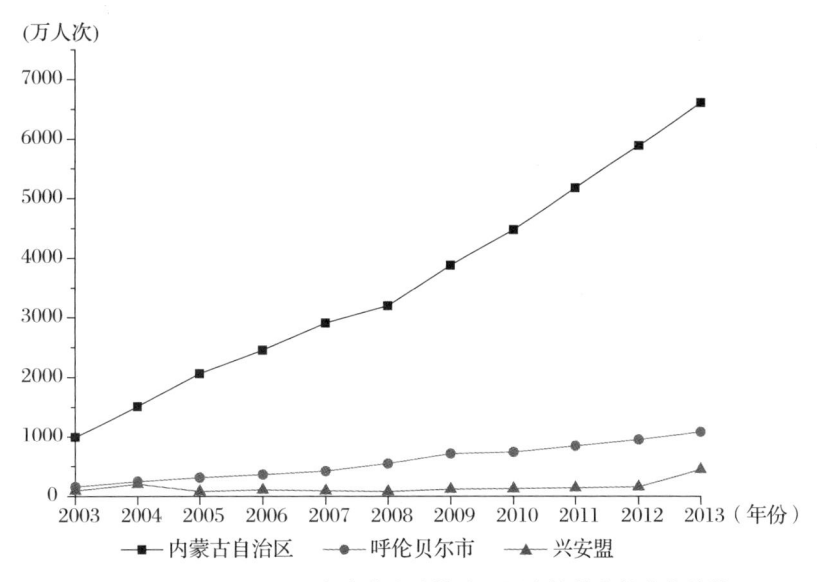

图 4-13 2003~2013 年内蒙古边境地区国内旅游人数变化趋势

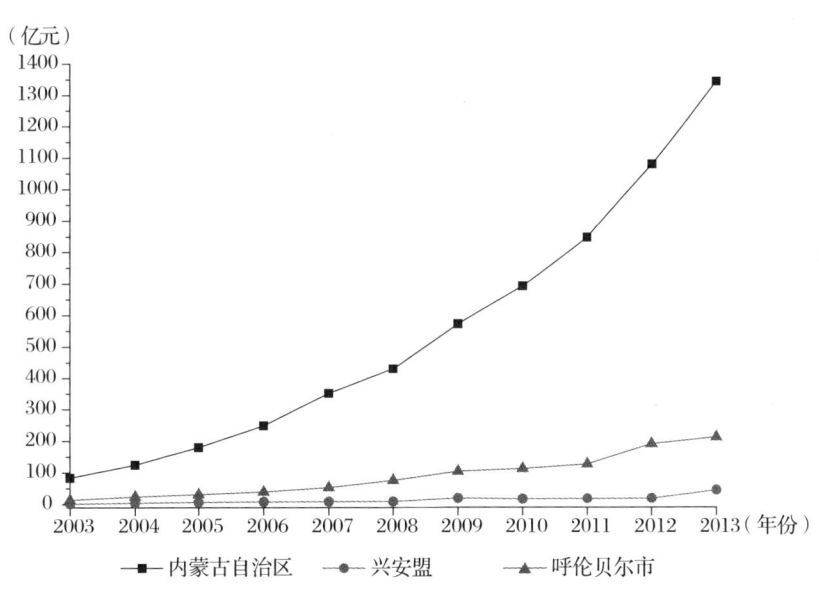

图 4-14 2003~2013 年内蒙古边境地区国内旅游收入变化趋势

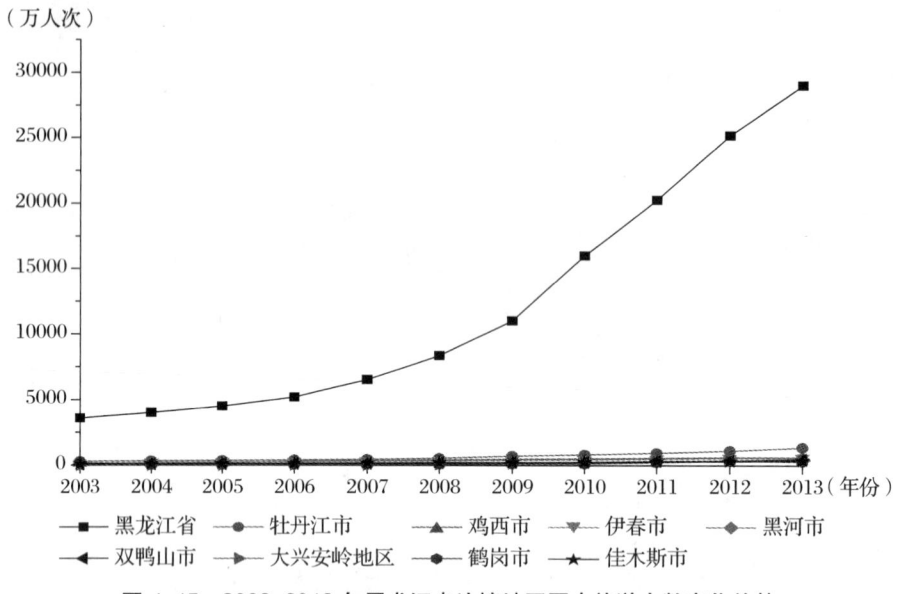

图 4-15　2003~2013 年黑龙江省边境地区国内旅游人数变化趋势

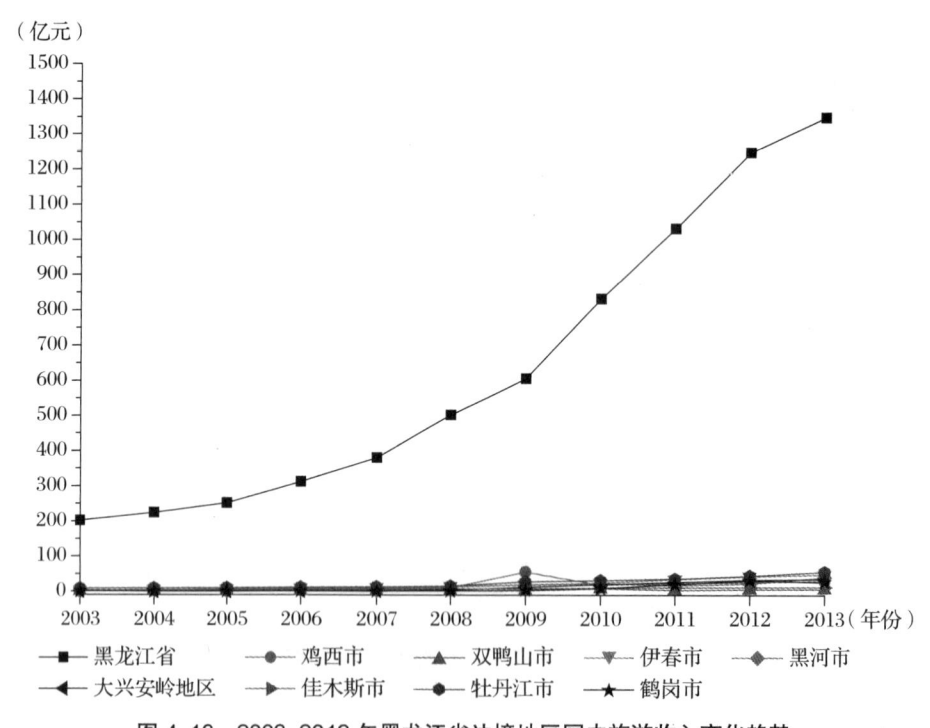

图 4-16　2003~2013 年黑龙江省边境地区国内旅游收入变化趋势

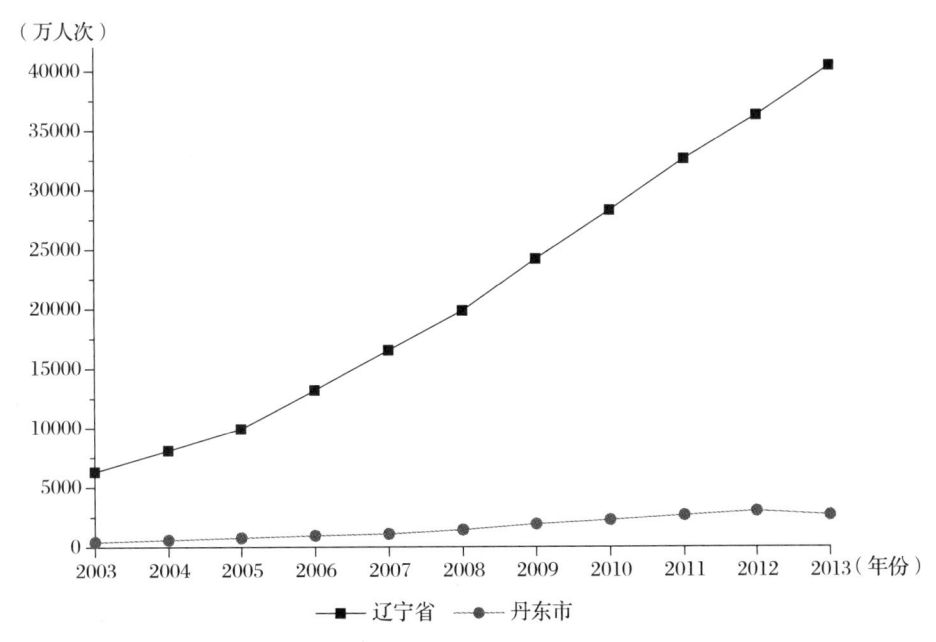

图 4-17　2003~2013 年辽宁省边境地区国内旅游人数变化趋势

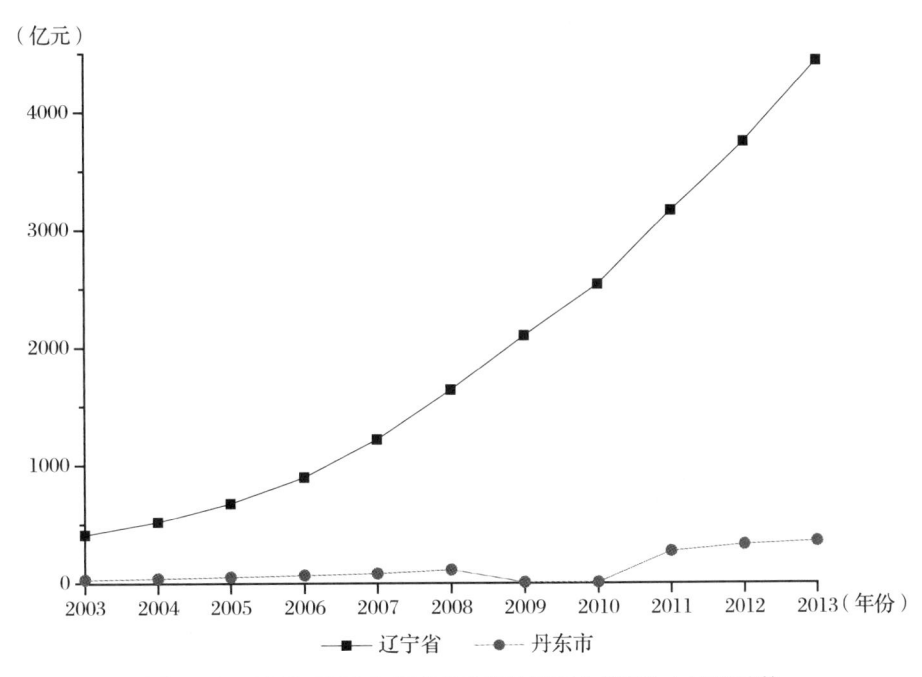

图 4-18　2003~2013 年辽宁省边境地区国内旅游收入变化趋势

东北地区边境旅游地域系统诊断　第四章 | 71

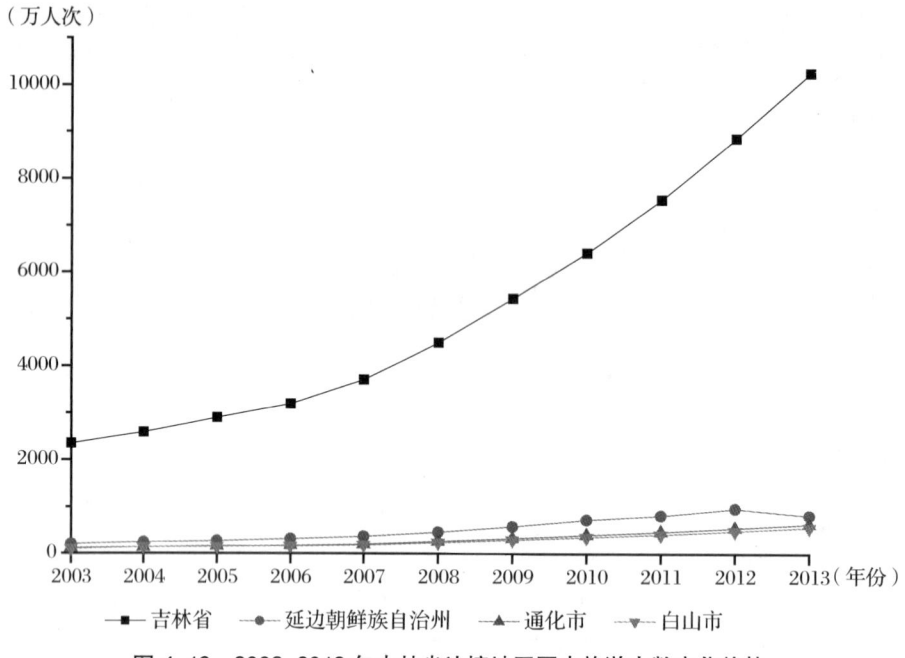

图 4-19　2003~2013 年吉林省边境地区国内旅游人数变化趋势

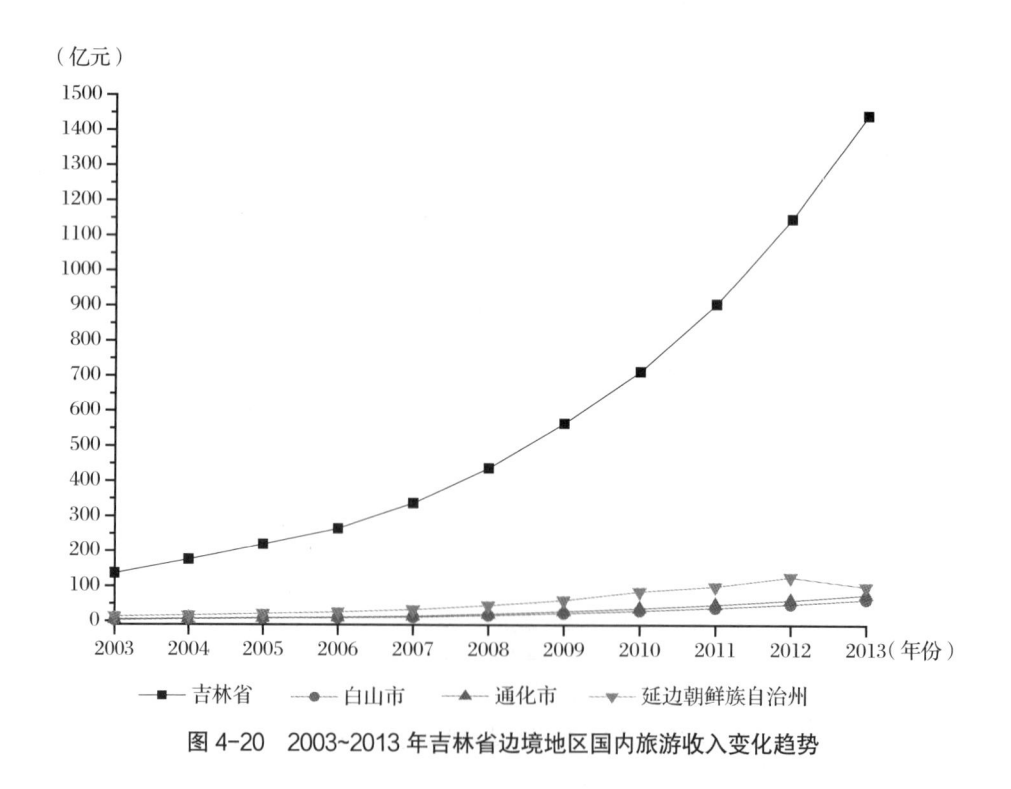

图 4-20　2003~2013 年吉林省边境地区国内旅游收入变化趋势

二、旅游市场特征

（一）边境旅游市场合作圈层开始形成

东北地区边境旅游资源差异性明显，根据所处邻国的不同与边境合作活动的开展，开始形成以满洲里为核心的中俄旅游市场合作圈层，以丹东、珲春为核心的中朝、中朝俄旅游市场合作圈层。

以满洲里作为内蒙古境内最大的陆运口岸，辐射中俄边境线上的中国东北地区的额尔古纳、黑河、绥芬河市等中俄旅游边境省市县，以及俄罗斯远东及西伯利亚地区。中国是俄罗斯的第二个客源国，俄罗斯是中国的第三大客源国，每年都有相应的边境旅游合作会议与政策促进边境旅游的发展。以辽宁省丹东为核心的中朝旅游圈层辐射中朝边界线上的吉林省的通化、白山、延边地区以及朝鲜境内的新义州、罗先、江界等地区。2011 年吉林省成功开设了延伸朝鲜罗先豆满江区的赴朝鲜自驾旅游线路，珲春有望实施为期四天的中俄朝三国免签证环形跨国旅游，这条线路是中国乃至整个东北亚地区第一条环形跨国旅游线路，彻底简化三国间的签证手续，让旅游者在四天内游完三个国家。

（二）边境旅游季节性显著

东北边境地区是中国纬度最偏北，经度最偏东区域，东北地区四季分明，夏季与冬季景观变化显著，特别是冬季北国风光银装世界较突出，夏季气候清爽宜人，旅游的四季景观与天气变化使东北边境地区夏冬两季为旅游旺季而春秋两季为旅游淡季。以长白山为例，长白山旅游旺季主要集中在夏季 7~8 月及冬季的 12~1 月，其他季节相比之下较为平淡，同样黑龙江省中俄边境旅游也是如此，俄方入境客源旺季也是集中在 7~8 月及冬季的 12~1 月。冬季之所以也成为旺季主要是因为俄罗斯比中国还要冷，入境者增多，还有一个原因就是冬季特有的冰雪旅游资源及冰雪节庆也吸引众多旅游者的参与。

（三）入境旅游者以国内旅游者与短途旅游为主

根据亲景度—重要性状况的调查得出，东北地区的边境旅游市场主要集中在国内及日本、蒙古国、俄罗斯、韩国。通过对2013年全国国内旅游者、日本、蒙古国、俄罗斯、韩国等国的停留时间的抽样调查发现，朝鲜、俄罗斯、蒙古国三国为短途旅游者，边境旅游平均逗留时间为1~3天，日本、韩国两国旅游者到中国边境地区旅游时间相对比较长，多集中在1~7天，如表4-8所示，但整体上还是以短途为主。

表4-8　2013年国内与代表性边境国家来华旅游者平均停留时间占比情况

单位：%

	1~3天	4~7天	8~14天	15天及以上
国内	51.9	30.7	9.8	7.6
日本	48.4	39.1	8.3	4.2
蒙古国	75	19.7	3.8	1.5
俄罗斯	52.5	41.3	3.7	2.5
韩国	50.4	36.8	6.6	6.2
朝鲜	59.6	27.7	8.5	4.2

（四）购物与交通为旅游者的主要人均花费

根据2013年全国抽样调查，针对性选择东北地区主要入境国及国内旅游者在东北地区的入境情况为研究对象，重点分析这些旅游者的需求特征，进而表征东北地区边境旅游者特征。通过表4-9发现，从人均花费上看，国外旅游者花费高出国内旅游者，同时国外旅游者中日本、韩国旅游者消费较高，朝鲜旅游者消费较低。但多数国外旅游者消费均在200美元/人/天。从花费构成上看，国外旅游者在东北地区的消费主要在长途交通、购物两部分，其次是住宿及餐馆，真正用在景观游览上的花费并不高，且在长途交通与购物两部分花费超过60%，说明交通便利性对国外入境旅游者来说非常重要，同时发现边境旅游更多的是以贸易旅游为主，而对其他旅游产品的消费相对较少。对国内旅游者来说，在东北边境旅游上，消费相对较低，多数不超过200元每人每天，交通与购物平分秋色，两部分占据超过50%，而对景观游览上的花费较低，娱乐则更低。这些说明在我国东北地区边境的重点景区产业化深度开发不足，对旅游者的吸引力相对较低，同时城市旅游服务业发展相对较弱，不能形成综合旅游目的地。购物成为整个旅游除交通外的主要消费部分，突出东北地区边境的旅游特色则更为重要。

表4-9　2013年边境国家及东北地区国内旅游者人均消费情况

国家	人均天花费（国外：美元/人/天 国内：元/人/天）	长途交通（%）	住宿（%）	餐饮（%）	景区游览（%）	娱乐（%）	购物（%）	市内交通（%）	邮电通信（%）	其他（%）
日本	255.13	38.8	14.5	8.6	4.9	6.9	15.5	1.9	1.6	7.3
韩国	240.8	34.2	13.5	8	5	7.8	17.6	2.1	1.5	10.3
朝鲜	178.58	39.7	11.3	8.5	3.4	6.5	18.7	2.1	1.7	8.1
蒙古	232.88	25.3	4.1	4.6	6.6	4.4	48.2	2.1	1.2	3.5
俄罗斯	238.99	29.7	8.6	4.2	3.2	3.6	37.8	2.1	1.8	9
内蒙古	194.2	20.5	9.6	6.4	3.6	4.7	40.4	3.7	2.4	8.7
辽宁	212.45	36.1	10.8	7.9	4.8	5.8	21.4	2.3	2.2	8.7
吉林	183.29	35.6	11.9	5.5	5.1	4.5	23.6	2.6	1.7	9.5
黑龙江	199.41	31.4	11.2	6	6.1	1.6	28.9	1	2.2	11.6

资料来源：2014年《旅游抽样调查统计年鉴》。

第六节　东北地区边境旅游地域系统典型区诊断分析

一、典型区概述

东北地区边境旅游地域中丹东市与延边州旅游需求所占比重相对较大，包括对朝鲜口岸和俄罗斯口岸。丹东是最早发展边境旅游的城市，边境旅游发展历史悠久，且其具有异国风情元素，优美的气候、区位环境等特点，从而使丹东边境旅游成为新的风向标。丹东市与朝鲜合资开发旅游产品，巩固边境赴朝鲜多日游，发挥边境赴朝鲜旅游优势，因而赴朝鲜旅游成为丹东旅游的拳头产品。通过举办中国（丹东）边境旅游高峰论坛、鸭绿江国际旅游节、中国生态旅游节等活动，起到塑造丹东旅游形象，提高其知名度的作用。

延边州地区边境旅游区域特色鲜明，是典型的边境地区，拥有多个出入境口岸，旅游资源丰富，吉林省60%对外开放口岸均集中在延边地区，素有"一眼望三国，鸡鸣震五疆"之称。延边州地缘和资源方面拥有发展边境旅游的独特优势，长白山自然风光、朝鲜族民俗风情、中朝俄边境观光是延边州边境旅游发展的三大支撑。延边地区开发多条旅游线路，旅游天数由1日游改为3日游、4日游、8日游、9日游、11日游等多种旅游产品。

二、调研区域与样本选择

本节选择丹东地区与延边州地区作为实地调研区域，对区域内的边境旅游系统三大组成部分进行问卷调研。在样本选择上，主要以团队与散客兼顾的原则，团队每次抽样每车不超3人次，调研地点包括典型的旅游景区、酒店、旅行社，对来到丹东、延边州游客全方位的调研，涉及不同年龄、不同文化程度以及不同收入水平的国内旅游者。此次调研采用面对面式抽样问卷调查法，主要针对旅行集散地和旅游景区的到访者，进行随机拦截抽样调查。本次调研共分两次进行，分别为2013年7月17~24日和2014年1月12~19日，参加人数6人，发放问卷400份，收回问卷347份，问卷回收率为86.8%。

三、调研结果分析

（一）旅游者特征分析

丹东市与延边州地区的旅游者主要以学生与上班族为主，学生占比43%，上班族占42%，旅游者中以女性为主，占比55%，男性占比45%。边境地区旅游者学历相对较高，本科生占39%，本科生以上占22%。旅游者的职业构成以学生及事业机关单位人员为主。旅游者的个人月收入集中在 2000 元以下，另外集中在 3000~12000 元之间的比重也较大。

（二）旅游供给系统现状

内蒙古的边境旅游城市中旅游者更愿意到满洲里进行旅游，黑龙江省的边境旅游城市中黑河、牡丹江较受旅游者喜爱，吉林省的边境城市中旅游者偏好延边州内的边境城市，特别是喜欢到珲春旅游。在珲春边境的旅游景点中以防川风景区、图们江国家森林公园为主，丹东的旅游景点中以鸭绿江、凤凰山为主。在边境景点中旅游者更偏好国界的神秘感、国门等边界标识物，如图 4-21 所示。在边境旅游资源中，旅游者对边境风光类景点的喜爱程度较高，同时更希望边境旅游景观拥有山水风光、文化浓厚、饮食特色等，如图 4-22 所示。

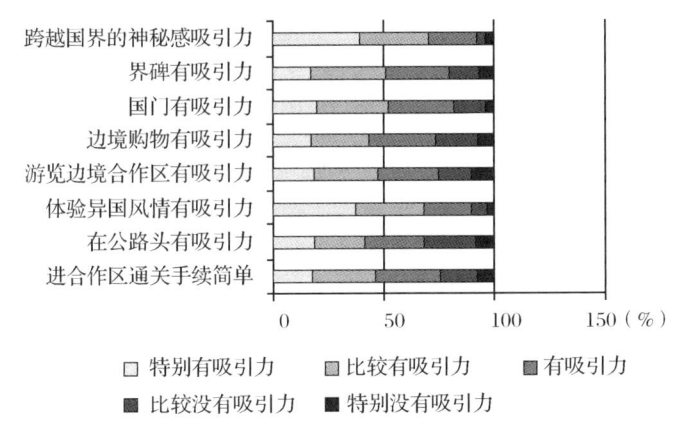

图 4-21　边境旅游中最吸引旅游者的要素

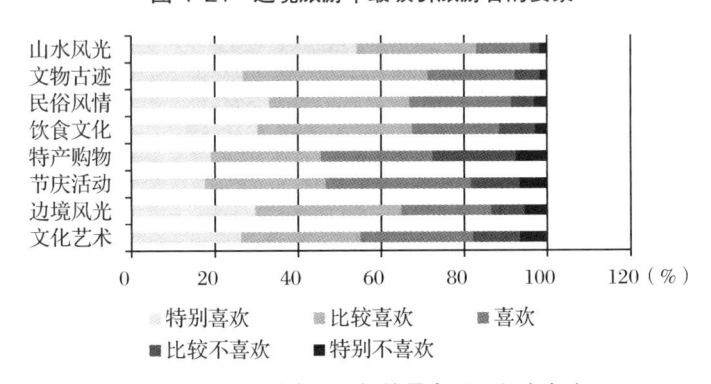

图 4-22　旅游者感兴趣的景点重要程度占比

（三）旅游需求系统现状

旅游需求包括旅游者偏好、旅游者满意度以及旅游者消费水平。到访边境旅游城市的旅游者69%与朋友及家人出行，出行频次相对较低，为每六个月出行一次为主要人群，可见边境旅游城市的重游率并不高。在乘坐交通工具方面，出行时55%的旅游者选择火车出行，13%的旅游者选择汽车出行，14%的旅游者选择轮船出行，飞机出行到达边境旅游城市的旅游者较少。边境旅游城市目前的旅游者主要以短距离旅游者为主，停留时间多为3~4天，这与边境旅游城市整体出行特性相一致。出行者多以增长见识与欣赏风景为目的（见图4-23）。在旅游时间方面，由于旅游者以周末和假期出行为主，集中在学生的寒假、暑假，而在"五一""十一"的出行者并不多。在旅游者满意度方面，对边境旅游城市的饮食、住宿、交通、娱乐等方面满意度相对较高，如表4-10所示，主要原因是对边境旅游城市的期待值较低，且随着对边境神秘性的感知增强而降低对旅游服务的关注度。在旅游者消费方面，旅游者消费多集中1000元以下，如图4-24所示，说明旅游者每天消费在300元左右，对边境城市的娱乐及购物花费相对较少。这种情况存在两种可能：第一，边境旅游城市购物特色不明显；第二，边境旅游娱乐活动较少。在实地调研中发现，边境旅游城市购物特色异域性明显，而边境城市娱乐活动相对较少，特别是夜间活动则更少。

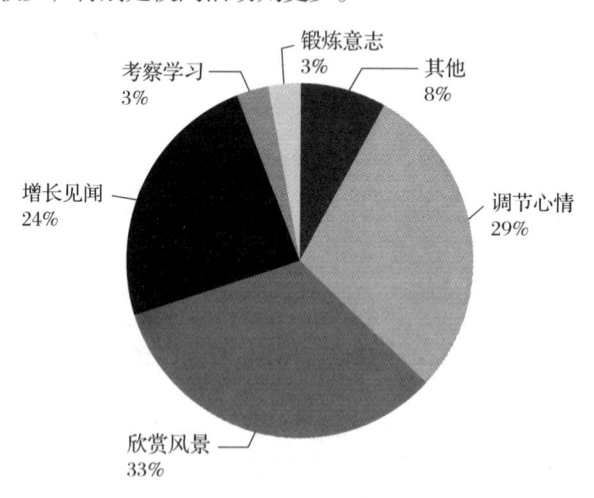

图 4-23 旅游者出行目的占比情况

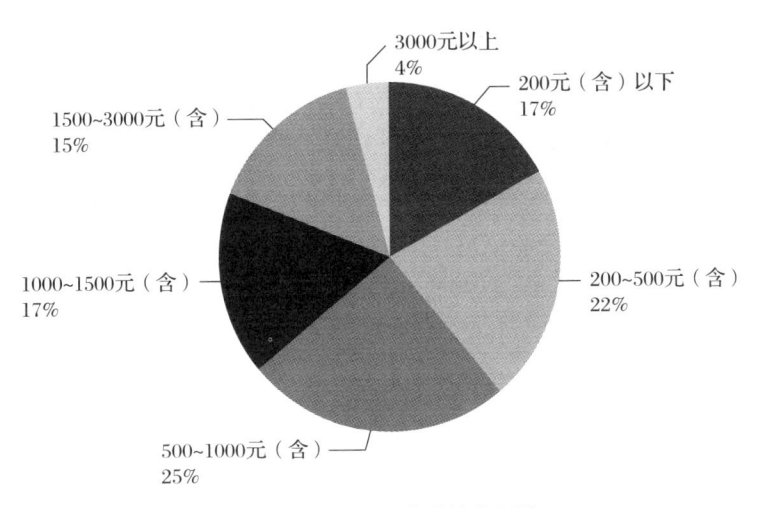

图 4-24　旅游者消费价格范围情况

表 4-10　旅游者满意度情况

	特别满意	比较满意	满意	不满意	特别不满意
住宿	0.219	0.375	0.320	0.063	0.023
游览	0.202	0.366	0.346	0.078	0.009
餐饮	0.164	0.375	0.363	0.081	0.017
长途交通	0.156	0.331	0.349	0.150	0.014
县内交通	0.133	0.317	0.354	0.161	0.035
娱乐	0.138	0.331	0.380	0.121	0.029
边境景区	0.187	0.340	0.369	0.086	0.017
边境旅游吸引物	0.159	0.311	0.363	0.130	0.037
总体印象	0.144	0.349	0.392	0.078	0.037

（四）旅游通道系统现状

在边境旅游者的调研中，我们发现边境旅游者在获取边境旅游信息时，更多的来源是品牌宣传（27%）、网上宣传（38%），但边境旅游城市自身宣传和网站建设相对较弱，这将成为边境旅游发展的"短板"。边境旅游者最关注的不是旅游景点的交通便利性，而是住宿与餐饮，如表 4-11 所示。这表明旅游者对边境城市的旅游基础服务设施缺少信心，而边境旅游城市的旅游基础设施薄弱,难以满足旺季旅游者的需求。同时旅游者对导游最关注的是导游的知识水平与服务意识,体现出边境城市旅游人才难以满足边境旅游城市发展的需要。东北边境旅游城市是旅游者首选的边境旅游地区,第一选择为东北边境旅游的人数占比为45%,可能的原因为旅游通道建设有利于东北边境旅游的宣传与发展。吉林边境地区与辽宁边境地区为东北边境旅游城市的首选,可见吉林省、辽宁省边境地区旅游宣传在东北地区相对较强,但总体上并没有形成绝对宣传优势。

表 4-11　边境旅游者关注要素程度比例

	特别关注	比较关注	关注	比较不关注	特别不关注
住宿	0.377522	0.43804	0.135447	0.0317	0.017291
餐饮	0.363112	0.389049	0.181556	0.063401	0.002882
娱乐	0.288184	0.319885	0.273775	0.097983	0.020173
购物	0.164265	0.256484	0.288184	0.221902	0.069164
交通	0.360231	0.368876	0.193084	0.060519	0.017291
导游	0.210375	0.279539	0.268012	0.178674	0.063401
其他	0.15562	0.242075	0.357349	0.178674	0.066282

第五章
东北地区边境旅游地域系统内部联系

第一节 东北地区边境旅游的赋存景观环境

一、东北以雄壮的山水格局为依托

东北地区由于其独特的地质构造和北方低温湿润气候的影响，形成山河相间、山水环绕之势。因而，整个东北边境地区形成了内环与外环的大环状空间格局，东北地区的外部环状由中国与朝鲜的界河鸭绿江、图们江，中国与俄罗斯的界河乌苏里江、黑龙江以及中国与蒙古国界河哈拉河等江河围绕；东北地区的内部环状由长白山、小兴安岭和大兴安岭三大山系环抱，构成雄壮的山水格局。

二、丰富而高等级的自然旅游资源

东北边境地区自然景观资源中的水体旅游资源有闻名中外的长白山天池、

吉林的松花湖、松源的查干湖、牡丹江的镜泊湖、黑河市的五大连池、大连虎滩乐园、圣亚海洋世界、安波温泉等；地文景观有沈阳的棋盘山、锦州市的笔架山、鞍山市的千山、丹东市的凤凰山、本溪钟乳石水洞、锦州观音洞、大连的金石滩、阿尔山的海神温泉等；动植物景观有沈阳的植物园、长春的动植物园、哈尔滨的虎园、大兴安岭的森林公园等。同时，东北边境地区的气候气象景观也非常丰富，特别是冰雪旅游资源丰富，因东北地区处于中温带，整体上来说冬季雪量大、雪期长、雪质好，特别适合滑雪旅游。如亚布力滑雪场和北大湖滑雪场是中国符合国际标准的大型旅游滑雪场。整个东北地区自然景观类型完备，主类及亚类齐全，资源等级相对较高，为开展边境旅游提供了良好的自然物质基础。

三、悠久而粗犷的人文旅游资源

东北地区的遗址遗迹类景观有鞍山的玉佛苑，辽宁省的清王朝发祥地，沈阳故宫、北陵、东陵、永陵，抗美援朝纪念馆，辽沈战役纪念馆，赫图阿拉古城、葫芦岛的前清宁远古战场；长春伪皇宫、集安高句丽时代文物、敦化的渤海时代文物、靖宇等地的抗联文物；黑龙江古代历史文化主要有昂昂溪遗址和新开流遗址、唐代渤海国上京龙泉府、阿城金元文化、依兰五国城等。近现代历史遗迹主要有瑷珲古城，侵华日军731部队遗址，虎林市和孙吴县、东宁县的侵华日军地下军事要塞遗址；革命战争遗址主要有第四野战军指挥部遗址（双城市）、伊春南岔、乌马河和金山屯、依兰、集贤等地的抗日联军根据地遗址；名人纪念地主要有海林杨子荣纪念馆、大庆铁人纪念馆、呼市兰萧红故居、杜尔伯特寿山将军墓、阿城完颜阿骨打陵园等。东北地区的人文活动还包括在自然景观依托下的节庆活动：①冬季以冰灯和冰雪旅游活动为主，主要集中在哈尔滨、牡丹江、齐齐哈尔以及吉林市、长春市、沈阳市、鞍山市等大中城市；②以农耕为主的满族、朝鲜族，以捕鱼为生的赫哲族、以狩猎为生的鄂伦春族和以牧业为主的蒙古族、达斡尔族等都保留着北方少数民族所特有的民俗风情；③有大连、营口、丹东、兴城等风景秀丽的海滨城市；④有哈尔滨市国家历史文化名城，以其特有的城市文化建筑吸引着大批的海内外游客；⑤有大庆市中国著名的"石油城"，以其独特的湿地石油城市风貌成为东北地区主要的旅游城市。

四、高等级的旅游景区、自然保护区集中在边境地区

在东北地区的高等级旅游景区中，有一部分都处在边境地区，其中吉林省5A级景区处在边境城市的有一处、黑龙江省有4处；4A级景区中，辽宁省有6处、吉林省有9处、黑龙江省有29处，内蒙古自治区有14处，其中黑龙江省边境地区的4A级景区占全省的49%，内蒙古自治区边境地区4A级景区占全区的61%，如表5-1所示。可见边境地区的旅游景区相对较多，同时多以自然景观为主，对边境地区人文景观开发有待进一步进行。边境地区的旅游景区具有功能多样性、内容多样性、表达内容多样化、层次规模多样化等特点。东北地区的自然保护区全部处在边境地区，如表5-2所示。这些自然保护区不只是边境地区发展旅游的有利条件，同时也是发展边境旅游的制约条件，如何发挥边境旅游系统的功能显得更为突出。

表5-1 2015年东北地区5A、4A旅游景区统计情况

省份	数量	等级	省份	数量	等级
吉林省	4	5A	内蒙古自治区	23	4A
吉林省	24	4A	辽宁省	4	5A
黑龙江省	5	5A	辽宁省	67	4A
黑龙江省	59	4A			

表5-2 东北地区自然保护区情况

地区	保护区名	所在市县	主要保护对象
辽宁	凤凰山	凤城	华北珍稀树种
辽宁	老秃顶子	桓仁	长白植物区系及紫杉
辽宁	白石砬子	宽甸	红松阔叶林
吉林	长白山	安图抚松长白	温带动植物系统及珍稀动植物

续表

地区	保护区名	所在市县	主要保护对象
黑龙江	镜泊湖	宁安	原始针阔混交林
黑龙江	牡丹峰	牡丹江	天然次生林
黑龙江	七星砬子	华南集贤	东北虎及珍稀动物
黑龙江	洪河	同江抚远	沼泽景观及珍稀水禽
黑龙江	凉水	伊春	原始红松阔叶林
黑龙江	丰林	伊春	原始红松林
黑龙江	五大连池	五大连池	火山地质地貌
黑龙江	逊别拉河	逊克	大马哈鱼、鳇鱼
黑龙江	呼玛	呼玛	大马哈鱼、鳇鱼
黑龙江	呼中	呼玛	寒温带生态系统及珍稀动植物

第二节 东北地区边境旅游地域系统的特点

一、旅游资源分布具有等级集中性，整个地域系统呈条带状

在东北边境旅游地域要素方面，旅游吸引物要素占有优势，而供求子系统及通道子系统相对发展较慢，没有发挥出整个系统的要素组合优势。旅游吸引物子系统是组成边境旅游地域系统的基础，具有一定的容量、稳定性及吸引力等特点。传统的资源集中性大多是在表面上对旅游资源密度的量化，而在边境地域系统中，发挥旅游资源作用与城市的社会经济功能是分不开的。因此，旅游资源集中性不单纯地指旅游资源密度集中，还包括交通及经济网络等内容。结合点、线、面三方面进行分析旅游供给系统的特点，从宏观上看，边境旅游资源的整体优势在数量和级别上大致与邻国相关，形成以朝鲜边界为核心的丹东边境旅游集中区域，以俄罗斯边界为核心的满洲里边境旅游集中区域，以朝鲜、俄罗斯两国为边界的珲春边境旅游集中区域，以俄罗斯为界河的黑河、牡丹江的边境旅游集中区域。有的集中性是源于地域集中性，有的是源自线性交通集中性，有的是源于节点集中性，有的是源于等级集中性。

二、地域结构呈现多圈层化与互斥化

东北边境地区的旅游者呈现多向流动、规模大、影响范围广、程度大、开展层次深等特点。在一些可进入性差、经济相对落后、对方国家开放意识相对较差的地区，边境旅游不是规模增长，而是数量小、多以中国出境旅游、单身旅游者流动为主，且多为各地区间相互独立、相互竞争的局面，市场相互嵌套，形成省域、市域、县域多圈层间发展。

三、边贸（外向性）与城市化（依赖性）相互依存

东北地区边境旅游的主要目的最初是满足双方边境当地居民互通有无、贸易往来。有些省区边境地区开展传统的边民互市等活动，为方便边境贸易往来及互市活动增设了交通、通信等基础设施，对当地环境的改善起到了很大作用。正所谓无心插柳之举，东北地区的满洲里、丹东、珲春等边境贸易和以边贸为主的边境旅游活动也是难解难分的。边境贸易发展得越红火，边境旅游活动也就越活跃；边境旅游发展得越成熟，边境贸易也就越完善。边境旅游活动的规模越大，旅游者越多，对商品贸易、信息、技术、投资环境等会有更深入的了解，更有利于促进边境地区的投资、经营等生产生活要素的集中与流动，进而更利于产生大范围的经济合作，使边境旅游与边贸共同发展。边境贸易离不开边境旅游，边境旅游丰富了边境贸易。边境贸易和边境旅游是一对姐妹花。边境旅游地域系统的发展与当地的贸易依存度较高，但与城市化水平发展并不一致，有的地区边境旅游发展快速，如满洲里，但是其城市化水平相对较低，低水平的城市化水平与边境形式形成了独特的异域景观。边境旅游城市正是由于原来边境的阻碍效应，使边境旅游城市都处在城市化水平较低的地区。较高的城市化水平促进边境旅游发展的范围与层次的提升，如丹东的发展。

四、敏感性与神秘性明显

东北地区边境与朝鲜、蒙古、俄罗斯接壤，三个国家与中国处在不同的

社会体制、经济制度、宗教信仰、风俗习惯下。边境旅游受到政策的影响性最强,例如俄罗斯与中国的关系如果紧张,则两国旅游将会受到严重影响。同时边境旅游也充满了神秘性,特别是东北地区,对朝鲜而言,并不是所有国家都能够进行说走就走的旅行,朝鲜对外界来说是一个非常神秘的国度,而东北边境旅游对全国和世界人民来说,都是充满了神秘性与不确定性的。

第三节 东北地区边境旅游地域系统的相互作用

一、边境旅游城市体系的空间结构特征

边境城市地域空间结构具有明显的经济中心指向、交通指向和沿边境指向。一般情况下交通指向对空间结构的影响最大。对于边境城市而言,边境城市一般与中心城市的交通相对便利度较差,而与相邻边境地区的经济作用较强。边境城市以沿鸭绿江流域和沿中俄界河流域为主;从交通干线上来看,哈大主干线、长吉图交通干线、丹沈高速、丹东到桓仁通化干线、哈绥牡绥交通干线、第二条东北亚欧大陆桥经过多个边境城市。边城城市多处在主要交通干线的底端节点。从边境城市的经济规模等级结构来看(见表5-3),在整个边境城市体系中,无论从交通指向还是经济功能指向上,都没有形成超级城市,但是却存在三个相对稳定的中心边境城市,分别是牡丹江、丹东、呼伦贝尔市,围绕三个边境中心城市,同时存在通化市、延边朝鲜族自治州、佳木斯市、白山、鸡西市五个中等边境城市以及双鸭山市、兴安盟、黑河市、鹤岗市、伊春市、大兴安岭地区六个边境小城市。在东北三省的城市发展中也形成了边境城市独特的等级结构系统。从边境城市的旅游收入上看,在边境城市体系中,其旅游收入与城市的整体经济发展水平有相当密切的关系(见表5-4),同时也发现,在边境城市中边境旅游城市的等级结构从2000年以来并未发现大的变化,同时东北地区的经济发展相对缓慢,由于国家战略的影响延边州的旅游发展提

表5-3 2000~2013年东北边境城市GDP排名（前六名）

2000年	2001年	2002年	2003年	2004年	2005年	2006年	2007年	2008年	2009年	2010年	2011年	2012年	2013年
牡丹江	牡丹江	牡丹江	牡丹江	丹东	丹东	呼伦贝尔	呼伦贝尔	呼伦贝尔	呼伦贝尔	呼伦贝尔	呼伦贝尔	呼伦贝尔	呼伦贝尔
丹东	丹东	丹东	丹东	牡丹江	丹东	丹东	丹东	丹东	牡丹江	牡丹江	牡丹江	丹东	牡丹江
呼伦贝尔	呼伦贝尔	呼伦贝尔	呼伦贝尔	呼伦贝尔	呼伦贝尔	牡丹江	牡丹江	牡丹江	丹东	丹东	丹东	牡丹江	丹东
佳木斯	佳木斯	通化	佳木斯	佳木斯	佳木斯	通化	通化	通化	通化	通化	通化	通化	通化
通化	通化	佳木斯	通化	通化	通化	佳木斯	佳木斯	佳木斯	延边州	延边州	延边州	延边州	延边州
延边州	延边州	延边州	延边州	鸡西	延边州	延边州	延边州	延边州	佳木斯	佳木斯	佳木斯	佳木斯	佳木斯

表5-4 2000~2013年边境城市旅游收入（前六名）

2000年	2001年	2002年	2003年	2004年	2005年	2006年	2007年	2008年	2009年	2010年	2011年	2012年	2013年
呼伦贝尔	呼伦贝尔	丹东	丹东	丹东	丹东	丹东	丹东	丹东	丹东	丹东	丹东	丹东	丹东
丹东	丹东	呼伦贝尔	呼伦贝尔	呼伦贝尔	呼伦贝尔	呼伦贝尔	呼伦贝尔	呼伦贝尔	呼伦贝尔	呼伦贝尔	黑河	呼伦贝尔	延边州
牡丹江	牡丹江	牡丹江	牡丹江	延边州	牡丹江	延边州	延边州	延边州	黑河	黑河	呼伦贝尔	延边州	牡丹江
延边州	延边州	延边州	延边州	牡丹江	延边州	牡丹江	牡丹江	黑河	延边州	延边州	延边州	牡丹江	通化
鸡西	鸡西	鸡西	通化	通化	通化	通化市	黑河	牡丹江	牡丹江	牡丹江	牡丹江	通化	伊春
鹤岗	鹤岗	鹤岗	鸡西	鸡西	鸡西	鸡西	通化	通化	通化	通化	通化	伊春	黑河

升较大。在边境旅游城市的规模结构中，依然与城市的经济发展等级一致，整体变动不大。

二、指标体系构建

（一）边境旅游强度测度模型

为了能更深地反映边境城市间的空间关系，引用计量边境城市间相互经济作用强度来探索边境地域网络系统中的结构。从经济引力的角度来看，区域经济联系与物理学中的万有引力有相似之处，著名地理学家塔费（E. F. Taaffe）认为经济联系强度同它们的人口成正比，同它们之间距离的平方成反比。国内外专家根据吸引力模型提出了基本引力模式、综合规模、扩散潜能等理论与方法，国内学者王德忠从区域经济整体上提出了测度两个城市间其经济联系强度公式为 $E_{ij} = k\frac{\sqrt{p_i v_i \times p_j v_j}}{D_{ij}}$，其中 P_i、P_j 是两城市的人口总数，V_i、V_j 是两个城市的 GDP，E_{ij} 是指两个城市之间的经济联系强度，k 为常数，D_{ij} 表示两城市间的路网距离。V_i、P_i、S_i、G_i 是两城市距离的平方，这一模型在两城市之间的距离中为空间距离，即两地间的实际直线距离，本章对其距离进行修正，目前经济联系更多的是物质间、信息间等的联系，而物质间的联系更依赖物质的位移，物质的位移在东北地区更多依赖的是火车，而不是飞机，所以本方法中将距离修正为路网距离，而非单纯的两城市间的空间距离，对东北边境旅游经济联系强度的运算，本章将利用公式 $E_{ij} = k\frac{\sqrt{p_i v_i \times p_j v_j}}{D_{ij}^2}$，其中 P_i、P_j 是两城市的旅游总人数，V_i、V_j 是两个城市的旅游总收入，E_{ij} 是指两个城市之间的经济联系强度，k 为常数，此处 k 取值为1，D_{ij} 是城市路网距离以及城市间的时间距离。

（二）边境旅游总强度与经济熵模型

根据边境各城市间经济联系进一步计算其总强度 SE 与经济熵 HE，$SE = \sum_{i=1}^{n}\sum_{j=1}^{n} E_{ij}(i \neq j)$，$G_{ij} = \dfrac{E_{ij}}{SE}$，$HE = \sum_{i=1}^{n}\sum_{j=1}^{n} G_{ij} \log_e G_{ij}(i \neq j)$，$E_{ij} = k \dfrac{\sqrt{p_i v_i \times p_j v_j}}{D_{ij}^2}$，HE 反映区域内经济作用的复杂程度，SE 反映边境旅游地域系统内部经济联系紧密程度。

三、数据来源

东北地区包括黑龙江、吉林、辽宁、内蒙古东 41 个地级市。本章中所有数据均直接或间接来源于 2000~2014 年《中国城市统计年鉴》《中国统计年鉴》《辽宁省统计年鉴》《吉林省统计年鉴》和《黑龙江省统计年鉴》以及部分国民社会与经济发展统计公告内容。

四、边境旅游地域系统城市内部作用

（一）基于路网距离下的边境旅游地域系统的城市经济分析

计算出 2000 年以来的任意两个边境城市间的相互作用强度值如表 5-5（a，b）所示，城市间选择路网距离，同一个强度值对相互作用的两个城市所表现的意义并不相同。由于数据量达到 3640 个，无法一一列出，这里选择 2000 年、2004 年、2008 年、2013 年来分析边境城市间的联系作用，表 5-5（a，b）选择 2000 年以及 2013 年数据表。从 2000 年的边境城市作用来看，边境城市间作用相对较大的鹤岗—佳木斯（3.3946）、佳木斯—双鸭山市（3.3685）、通化—白山（2.9705）、鸡西—双鸭山（2.7403）、鸡西—牡丹江（0.9812）、鸡西—佳木斯（0.7234）。2004 年边境城市间作用较大的为鹤岗—佳木斯（5.6059）、佳木斯—双鸭山市（5.3253）、通化—白山（4.4988）、鸡西—双鸭山（4.1782）、鸡西—牡丹江（1.3988）、鸡西—佳木斯（1.1638）。2008 年边境城市间作用较大的为佳木斯—双鸭山市（10.05681）、通化—白山（9.0853）、鹤岗—佳木斯（9.7364）、鸡西—双鸭山（7.6030）、鸡西—牡丹江（2.4115）、鸡西—佳木斯（1.9247）。2013年边境城市间作用较大的为通化—白山（21.5936）、佳木斯—双鸭山市（20.2344）、鹤岗—佳木斯（17.5904）、鸡西—双鸭山（14.7063）、鹤岗—双鸭山市（2.5126）、丹东—通化（2.3612）、牡丹江—延边州（2.0880）。从2000~2007年的节点年份来看，相互作用较大的边境城市为鹤岗—佳木斯、佳木斯—双鸭山市、通化—白山、鸡西—双鸭山、鸡西—牡丹江、鸡西—佳木斯，边境经济水平相对较高的城市对其他边境城市的作用强度相对较弱，相互作用较强的城市主要是交通干线指向，黑龙江省的鹤岗、佳木斯、双鸭山市间公路网密集，主要有G11、G1011及国道201、221，而佳木斯为这两条交通干线的节点城市，2008~2013年相互作用强度较大的城市略有变动，分别为通化—白山、丹东—通化、鸡西—牡丹江的相互作用强度增强，除了受小范围交通干线影响外，区域政策也开始影响边境城市间的相互作用，城市间的联系开始复杂化，边境城市地域系统内边境城市网络开始形成。省域内的边境城市相互作用较大，省域外的边境城市相互作用相对较小。

（二）基于时间距离下的边境旅游地域系统的经济作用分析

计算出2000年以来的任意两个边境城市间的相互作用强度值如表5-6所示，城市间选择时间距离，其数据量同样也是3640个，同样选择相同年份进行说明，这里选择2000年、2004年、2008年、2013年来分析边境城市间的联系作用。从2000年的边境城市作用来看，鹤岗—佳木斯（3.3945）、佳木斯—双鸭山市（3.3684）、通化—白山（2.9705）、鸡西—佳木斯（0.7234）、鸡西—牡丹江（0.6630）、佳木斯—伊春（0.4163）、鹤岗—双鸭山（0.3870）、丹东—通化（0.3540）相互作用相对较大。从2004年的边境城市作用强度来看，同2000年完全一致，只是作用强度增强。从2008年边境城市作用强度来看，佳木斯—双鸭山市（10.0568）、通化—白山（9.8533）、鹤岗—佳木斯（9.7364）、鸡西—佳木斯（1.9247）、鸡西—牡丹江（1.6296）、鹤岗—双鸭山（1.1576）、丹东—通化（1.1480），边境城市间经济作用强度开始变化，相互作用强度又进一步增强。从2008年后,边境城市间的作用强度开始变化,城市间的经济作用强度更高,吉林省内城市间作用强度持续增强。从2013年边境城市经济作用强度来看,经济作用强度从强到弱为通化—白山(21.5936)、佳木斯—双鸭山(20.2344)、鸡西—佳木斯(3.5379)、鸡西—牡丹江(3.2889)、丹东—通化(2.3612)、佳木斯—牡丹江(2.1513)、牡丹江—延边州(2.0880)、伊春—佳木斯(1.9320)。可以看出,从2000年到2013年,边境城市间的经济作用强度在持续增强,吉林省内边境城市作用增强趋势加快,黑龙江省内边境城市经济作用也在增强,而丹东作为辽宁省边境旅游城市,与吉林、黑龙江及蒙东地区的经济作用相对较弱。吉林省省内边境旅游城市作用增加,主要原因是高铁的开通,使交通联系相对便利,城市功能互补形成的。

(三)基于陆路距离下的边境旅游地域系统的内部旅游作用分析

边境旅游地域系统中边境城市间的旅游作用强度影响着边境旅游地域系统未来的发展,理论上边境旅游地域系统内的旅游作用强度应该越来越强,且比其他城市的旅游作用强度高。在东北地区边境旅游地域系统中,边境城市地域是相连的,但是其交通连线多为公路及级别更低的道路交通,受到省际政策的行政壁垒影响,其作用在理论上强度可能并不明显。从实现的旅游经济作用强度上来看,如表5-7(a,b)所示(表格为了显示在一个页面内,将小数点保留三位),2000年省内的边境城市间旅游作用强度相对较大,如白山与通化市的旅游经济作用强度为1.35277万经济度,鹤岗与鸡西市的旅游经济作用强度为1.80089万经济度,牡丹江与延边地区的旅游经济作用强度为1.46032。可见2000年,在边境旅游发展不成熟阶段,边境城市间的旅游经济强度相对较弱。从表5-7(a,b)可以看出,在2013年丹东、通化、牡丹江、鸡西、延边地区对系统内各城市的旅游经济作用增强,旅游经济度最强的为通化与白山的旅游经济作用强度(665.07427),在经济度最弱的为兴安盟地区,与各边境城市的旅游经济作用强度都不大。兴安盟与各边境城市间的经济作用强度相对也较弱,说明旅游经济强度与城市经济强度的相关性很高。

表 5-5（a） 2000 年基于路网距离下的边境旅游地域系统内各城市的经济强度

单位：100 经济度

2000年	白山市	大兴安岭	丹东市	鹤岗市	黑河市	呼伦贝尔	鸡西市	佳木斯市	牡丹江市	双鸭山市	通化市	延边州	伊春市
白山市	—	—	—	—	—	—	—	—	—	—	—	—	—
大兴安岭	0.0019	—	—	—	—	—	—	—	—	—	—	—	—
丹东市	0.1552	0.0027	—	—	—	—	—	—	—	—	—	—	—
鹤岗市	0.0101	0.0017	0.0123	—	—	—	—	—	—	—	—	—	—
黑河市	0.0100	0.0228	0.0126	0.0229	—	—	—	—	—	—	—	—	—
呼伦贝尔市	0.0126	0.0153	0.0202	0.0124	0.0314	—	—	—	—	—	—	—	—
鸡西市	0.0360	0.0030	0.0280	0.0227	0.0156	0.0216	—	—	—	—	—	—	—
佳木斯市	0.0261	0.0043	0.0297	3.3946	0.0423	0.0275	0.7234	—	—	—	—	—	—
牡丹江市	0.0934	0.0057	0.0592	0.1265	0.0329	0.0406	0.9812	0.3875	—	—	—	—	—
双鸭山市	0.0132	0.0023	0.0160	0.4419	0.0204	0.0161	2.7403	3.3685	0.2410	—	—	—	—
通化市	2.9705	0.0031	0.3540	0.0160	0.0160	0.0201	0.0514	0.0410	0.1270	0.0209	—	—	—
延边州	0.1020	0.0026	0.0358	0.0258	0.0126	0.0162	0.1046	0.0689	0.3433	0.0335	0.1321	—	—
伊春市	0.0137	0.0052	0.0155	0.3382	0.0408	0.0160	0.0917	0.4164	0.0789	0.1278	0.0216	0.0206	—
兴安盟	0.0194	0.0045	0.0237	0.0098	0.0197	0.0205	0.0169	0.0252	0.0369	0.0127	0.0301	0.0204	0.0141

表5-5（b） 2013年基于路网距离下的边境旅游地域系统内各城市的经济强度

单位：100 经济度

2013年	白山市	大兴安岭	丹东市	鹤岗市	黑河市	呼伦贝尔市	鸡西市	佳木斯市	牡丹江市	双鸭山市	通化市	延边州	伊春市
白山市	—	—	—	—	—	—	—	—	—	—	—	—	—
大兴安岭	0.0114	—	—	—	—	—	—	—	—	—	—	—	—
丹东市	1.0776	0.0147	—	—	—	—	—	—	—	—	—	—	—
鹤岗市	0.0616	0.0083	0.0686	—	—	—	—	—	—	—	—	—	—
黑河市	0.0623	0.1104	0.0716	0.1143	—	—	—	—	—	—	—	—	—
呼伦贝尔市	0.1025	0.0971	0.1512	0.0811	0.2099	—	—	—	—	—	—	—	—
鸡西市	0.2072	0.0133	0.1480	0.1052	0.0736	0.1337	—	—	—	—	—	—	—
佳木斯市	0.1678	0.0215	0.1754	17.5904	0.2233	0.1909	3.5379	—	—	—	—	—	—
牡丹江市	0.6097	0.0288	0.3545	0.6647	0.1760	0.2853	4.8671	2.1513	—	—	—	—	—
双鸭山市	0.0935	0.0127	0.1038	2.5127	0.1182	0.1224	14.7063	20.2344	1.4682	—	—	—	—
通化市	21.5936	0.0178	2.3612	0.0936	0.0954	0.1578	0.2838	0.2537	0.7962	0.1421	—	—	—
延边州	0.7195	0.0142	0.2317	0.1462	0.0727	0.1234	0.5605	0.4134	2.0880	0.2204	0.8950	—	—
伊春市	0.0749	0.0222	0.0774	1.4854	0.1825	0.0941	0.3800	1.9320	0.3712	0.6509	0.1131	0.1048	—
兴安盟	0.1464	0.0264	0.1641	0.0597	0.1222	0.1671	0.0969	0.1618	0.2402	0.0895	0.2185	0.1434	0.0768

表 5-6 2013年基于时间距离下的边境旅游地域系统内各城市的经济强度

单位：100经济度

2013年	白山市	大兴安岭	丹东市	鹤岗市	黑河市	呼伦贝尔市	鸡西市	佳木斯市	牡丹江市	双鸭山市	通化市	延边州	伊春市
白山市	—	—	—	—	—	—	—	—	—	—	—	—	—
大兴安岭	0.0114	—	—	—	—	—	—	—	—	—	—	—	—
丹东市	1.0776	0.0147	—	—	—	—	—	—	—	—	—	—	—
鹤岗市	0.0616	0.0083	0.0873	—	—	—	—	—	—	—	—	—	—
黑河市	0.0623	0.1104	0.0716	0.1143	—	—	—	—	—	—	—	—	—
呼伦贝尔市	0.1025	0.0971	0.1953	0.1162	0.2099	—	—	—	—	—	—	—	—
鸡西市	0.2072	0.0133	0.1552	0.6736	0.0736	0.1957	—	—	—	—	—	—	—
佳木斯市	0.1678	0.0215	0.1754	17.5904	0.2233	0.1909	3.5379	—	—	—	—	—	—
牡丹江市	0.6097	0.0288	0.3828	0.2783	0.1760	0.4179	3.2889	2.1513	—	—	—	—	—
双鸭山市	0.0935	0.0127	0.1363	2.2008	0.1182	0.1803	1.0184	20.2344	0.9307	—	—	—	—
通化市	21.5936	0.0178	2.3612	0.0936	0.0954	0.1578	0.2838	0.2537	0.7962	0.1421	—	—	—
延边州	0.7195	0.0142	0.2317	0.1462	0.0727	0.1234	0.5605	0.4134	2.0880	0.2204	0.8950	—	—
伊春市	0.0749	0.0222	0.0774	1.4854	0.1825	0.0941	0.3800	1.9320	0.3712	0.6509	0.1131	0.1048	—
兴安盟	0.1464	0.0264	0.2155	0.0775	0.1222	0.1582	0.1296	0.1618	0.3081	0.1204	0.2185	0.1434	0.0768

表 5-7（a） 2000年基于陆路距离下的边境旅游地域系统内各城市的旅游作用强度

单位：100 经济度

	白山市	大兴安岭	丹东市	鹤岗市	黑河市	呼伦贝尔市	鸡西市	佳木斯市	牡丹江市	双鸭山市	通化市	延边市	伊春市
白山市	—	—	—	—	—	—	—	—	—	—	—	—	—
大兴安岭	0.001	—	—	—	—	—	—	—	—	—	—	—	—
丹东市	0.212	0.001	—	—	—	—	—	—	—	—	—	—	—
鹤岗市	0.016	0.001	0.021	—	—	—	—	—	—	—	—	—	—
黑河市	0.004	0.002	0.005	0.010	—	—	—	—	—	—	—	—	—
呼伦贝尔市	0.034	0.012	0.062	0.043	0.025	—	—	—	—	—	—	—	—
鸡西市	0.068	0.002	0.059	0.055	0.009	0.091	—	—	—	—	—	—	—
佳木斯市	0.011	0.001	0.014	1.801	0.005	0.026	0.464	—	—	—	—	—	—
牡丹江市	0.244	0.004	0.173	0.422	0.025	0.237	3.959	0.345	—	—	—	—	—
双鸭山市	0.003	0.000	0.004	0.120	0.001	0.008	0.899	0.244	0.110	—	—	—	—
通化市	1.353	0.000	0.180	0.009	0.002	0.021	0.036	0.006	0.124	0.002	—	—	—
延边市	0.203	0.002	0.079	0.065	0.007	0.072	0.321	0.047	1.460	0.012	0.098	—	—
伊春市	0.015	0.002	0.019	0.483	0.013	0.040	0.158	0.159	0.189	0.025	0.009	0.038	—
兴安盟	0.017	0.001	0.023	0.011	0.005	0.040	0.022	0.007	0.068	0.002	0.010	0.029	0.011

表 5-7（b） 2013年基于陆路距离下的边境旅游地域系统内各城市的旅游作用强度

单位：100 经济度

2013年	白山市	大兴安岭	丹东市	鹤岗市	黑河市	呼伦贝尔市	鸡西市	佳木斯市	牡丹江市	双鸭山市	通化市	延边市	伊春市
白山市	—	—	—	—	—	—	—	—	—	—	—	—	—
大兴安岭	0.953	—	—	—	—	—	—	—	—	—	—	—	—
丹东市	151.049	4.080	—	—	—	—	—	—	—	—	—	—	—
鹤岗市	1.885	0.504	6.977	—	—	—	—	—	—	—	—	—	—
黑河市	2.316	8.134	8.854	3.085	—	—	—	—	—	—	—	—	—
呼伦贝尔市	3.287	6.173	16.136	1.888	5.942	—	—	—	—	—	—	—	—
鸡西市	5.703	0.726	13.550	2.102	1.787	2.803	—	—	—	—	—	—	—
佳木斯市	1.710	0.435	5.950	130.142	2.009	1.482	23.568	—	—	—	—	—	—
牡丹江市	25.678	2.407	49.676	20.314	6.541	9.151	133.930	21.926	—	—	—	—	—
双鸭山	1.469	0.396	5.430	28.655	1.640	1.464	151.015	76.960	23.067	—	—	—	—
通化市	665.074	1.087	241.920	2.092	2.594	3.701	5.711	1.891	24.511	1.633	—	—	—
延边市	49.062	1.919	52.558	7.234	4.375	6.408	24.969	6.822	142.326	5.605	44.612	—	—
伊春市	4.402	2.589	15.132	63.314	9.460	4.211	14.584	27.463	21.798	14.262	4.858	9.962	—
兴安盟	0.234	0.083	0.871	0.069	0.172	0.203	0.101	0.062	0.383	0.053	0.255	0.370	0.171

五、边境城市旅游经济联系总强度分析

边境城市间的相互作用反映城市间的作用强弱,边境城市总强度则反映边境旅游地域系统内部作用的强弱以及内部联系的紧密程度。从各年的边境城市间的经济作用总强度与经济熵可以看出(见表5-8),边境地域系统内各城市的经济作用、旅游作用总强度均越来越强,边境旅游地域城市间的联系随着边境旅游业的发展也在更广泛地增强城市间经济的影响,而边境旅游城市间的旅游作用总强度与GDP作用的总强度差别随年份增加,这说明边境城市与边境城市间进行经济往来的内容增加,边境旅游地域系统内部经济往来加强,系统内城市组织在发挥其特定的经济功能与旅游功能,进而影响边境旅游地域系统的旅游内容更丰富。边境旅游地域系统内的旅游经济熵与经济熵也在增加,说明随着边境城市经济的发展,边境城市间无论是经济规模、产业结构还是旅游发展规模、旅游需求均不断增大,边境城市经济不均衡发展明显,边境区域旅游中心有待形成。

表5-8 2000~2013年边境地域系统内作用总强度与经济熵

年份	旅游经济作用 SE	旅游经济作用 HE	GDP 作用 SE	GDP 作用 HE
2000	30.689	3.635	38.486	3.451
2001	78.333	6.148	80.239	5.581
2002	144.265	8.170	124.368	7.172
2003	227.351	9.955	175.553	8.532
2004	365.282	11.785	235.323	9.752
2005	583.368	13.596	300.703	10.832
2006	881.728	15.263	376.933	11.850
2007	1322.109	16.928	468.903	12.844
2008	2049.295	18.686	581.341	13.825
2009	3439.582	20.591	708.446	14.749
2010	5385.918	22.385	863.916	15.674
2011	8129.445	24.088	1055.902	16.605
2012	11977.951	25.698	1266.542	17.471
2013	16906.191	27.140	1490.187	18.271

六、边境旅游地域系统中边境城市的等级层次

在边境旅游地域系统内，旅游经济熵 HE 增加，边境旅游地域系统内边境城市差别增大，必将出现规模较大的边境城市与规模相对较小的边境城市的分裂，产生边境城市与边境地域系统内中心城市。首先需要对边境旅游地域系统城市进行等级划分。结合国内外学者的研究经验，选取指标主要考虑城市的旅游总收入与非农业人口数来表征旅游经济实力与城市发展水平。各城市职能总强度为 K_{T_i}，各城市平均职能强度 K_{E_i}，V_i、P_i、S_i、G_i 分别为旅游总收入、非农人口数、科研人员数量、固定投资额。计算公式如下：

$$K_{T_i} = \frac{V_i}{\frac{1}{n}\sum_{i=1}^{n}v_i} + \frac{P_i}{\frac{1}{n}\sum_{i=1}^{n}p_i} + \frac{S_i}{\frac{1}{n}\sum_{i=1}^{n}S_i} + \frac{G_i}{\frac{1}{n}\sum_{i=1}^{n}G_i},$$

$$K_{E_i} = \left(\frac{V_i}{\frac{1}{n}\sum_{i=1}^{n}v_i} + \frac{P_i}{\frac{1}{n}\sum_{i=1}^{n}p_i} + \frac{S_i}{\frac{1}{n}\sum_{i=1}^{n}S_i} + \frac{G_i}{\frac{1}{n}\sum_{i=1}^{n}G_i} \right) / 4,$$ 在旅游经济职能等级

划分中，旅游中心职能强度中 K_T 大于 6，且 K_E 大于 2 的为区域中心，K_T 在 6~2，且 K_E 在 1~2 的为二级等级旅游城市，其他城市为三级等级旅游城市。从表 4-9 可以看出，其边境地域系统中，并没有形成中心区域，相对边境城市系统来看，呼伦贝尔市、丹东市、牡丹江市、延边州有可能将来形成东北地区边境区域的中心职能城市，通化市、黑河市、白山市、鸡西市、佳木斯市成为东北地区边境旅游地域系统的二级边境城市，兴安盟、伊春市、双鸭山市、大兴安岭地区、鹤岗市为东北边境旅游地域系统的三级边境城市，从而进一步说明在边境城市间的经济作用熵相对较小，说明城市规模总体上相比差别不大，相互作用相对单纯，培育边境旅游中心城市，促进边境旅游地域系统内功能与结构发挥其整体效应，加速边境城市的产业结构转型，成为地缘经济发展的必然选择。

表 5-9 分年度边境城市中心职能作用强度

地区	KT-2008	KE-2008	地区	KT-2013	KE-2013
呼伦贝尔	5.0957	1.2739	丹东市	6.0425	1.5106
丹东市	4.3763	1.0941	呼伦贝尔	5.3363	1.3341
延边州	2.7992	0.6998	延边州	2.4923	0.6231
牡丹江市	2.2441	0.5610	牡丹江市	2.1907	0.5477
通化市	1.7903	0.4476	通化市	1.5883	0.3971
黑河市	1.3602	0.3400	白山市	1.3174	0.3294
白山市	1.1198	0.2799	兴安盟	1.1621	0.2905
鸡西市	1.0309	0.2577	黑河市	1.0392	0.2598
佳木斯市	0.9785	0.2446	伊春市	0.9026	0.2256
兴安盟	0.9240	0.2310	鸡西市	0.8810	0.2203
伊春市	0.9196	0.2299	佳木斯市	0.8649	0.2162
双鸭山市	0.6248	0.1562	双鸭山市	0.8067	0.2017
大兴安岭地区	0.3512	0.0878	大兴安岭地区	0.5946	0.1487
鹤岗市	0.3512	0.0878	鹤岗市	0.4719	0.1180

第六章
东北地区边境旅游地域系统的溢出效应

第一节 东北地区边境旅游地域系统外部环境

一、边境城市是基点也是对外联系的源点

边境旅游地域系统同区域城市体系在供给子系统、需求子系统及通道子系统联合时间、空间的整合，形成了动态发展的边境地域城市网络等级体系。基于以城市为节点的边境旅游地域系统是一个开放着的地域旅游城市系统。从城市体系角度来讲，其是边境旅游地域系统的空间组织问题，而实质则是边境地域旅游城市网络等级体系的空间组织结构问题。东北地区边境旅游地域系统的形成与演变离不开边境城市的发展，边境城市在边境旅游的发展及整个社会经济发展中起着重要的作用。边境旅游地域系统各要素的发展依赖边境城市的发展，同时也影响着边境城市的经济社会现状，边境城市的城市化水平也影响着边境旅游的发展。在边境旅游合作中，其实质是各生产要素在多国的生产效率

和有效配置。边境口岸城市在次区域中的地位也随着经济区域一体化，由原来的边缘化效应、屏障效应向中介效应转化。

二、边境城市空间网络结构

边境城市是边境旅游地域系统中经济增长的中心，也是交通干线的节点与枢纽。从地域的角度来看，城市是系统内的目的地，同时也是系统与外界联系的客源地，具有良好的通道体系与保障体系，能够为旅游提供优质的服务设施，发展成为系统内的旅游接待和组织中心，成为系统内的引力核心。就由多个边境城市组成的边境旅游地域系统而言，多个城市间通过交通线和经济网建构的区域城市体系与边境旅游地域系统间存在要素、结构及功能上的统一，这种统一的耦合结果便是边境地域旅游系统成为地域边境城市网络体系，进而探索边境旅游地域系统通过研究边境城市网格系统的空间结构则是最佳选择。边境城市与其他城市最大的特色则是边境区位的不同。对区位的关注，西方社会从杜能的农业区位论、韦伯的工业区位论、克里斯泰勒的中心地理论、胡佛的交通区位论、费特尔的贸易区位论、帕兰德的市场竞争区位论、城市区位论等，都是从经济角度研究区位的选择。在中国陈才教授创建了区域经济地理学，进一步阐述地理位置是一种资源，也是区域经济的着眼点与落脚点，区位并不是单纯的地理位置，同时包括位置在内的经济地域及经济地域系统的选择。经济地域及经济地域系统下，区位价值包括位置与交通信息区位分析、自然条件与自然资源、经济条件、人口条件、社会条件及诸条件的综合作用。区位是各种条件要素的有机综合性，是经济空间场所承载的各种条件、要素的关系浓缩表征。边境区位在区位价值的基础上，更融入了地缘政治与地缘经济体的内容，包括在不同社会体制、经济体制、社会结构、文化、习俗等多边界的诸多条件。从边境的自然地理条件与自然资源条件上看，边境的区位是确定的，但在现今多变的政治关系、地缘经济关系下，其边境区位价值与常规下的城市区位、港口区位、企业区位存在明显的异质性特征。笔者认为，边境区位价值是指口岸资源、边境资源以及与该资源相匹配的能力在经济上的价值实现，反映了边境区位对相关资源及经济活动的吸引力和竞争力。

第二节 边境旅游地域系统对东北地区的经济作用

一、对外联系测度与 ArcGIS 网络分析

边境旅游地域系统对外联系由经济作用强度、旅游作用强度、城市化水平以及旅游经济溢出水平表征。对外经济作用强度表征东北地区边境旅游地域系统的经济关联，对外旅游作用表征东北地区边境旅游地域系统的旅游联系强弱，城市化水平表达东北地区边境旅游地域系统对外作用的整体能力，旅游溢出表征各指标体系对系统外作用显著程度。根据王德忠从区域经济整体上两个城市间其经济联系强度公式：$E_{ij} = k\frac{\sqrt{p_i v_i \times p_j v_j}}{D_{ij}}$，其中，$P_i$、$P_j$ 是两城市的人口总数，V_i、V_j 是两个城市的 GDP，E_{ij} 是指两个城市之间的经济联系强度，k 为常数，V_i、P_i、S_i、G_i 是两城市距离的平方，这一模型在两城市之间的距离中为空间距离，为两地间的实际直线距离，本章对其距离进行修正，目前经济联系更多的是物质间、信息间等的联系，而物质间的联系更依赖物质的位移，物质的位移在东北地区更多的是依赖火车，而不是飞机，所以本方法中将距离修正为路网距离，而非单纯的两城市间的空间距离，D_{ij} 表示两城市间的路网距离。对其进行研究旅游经济联系强度的运算，利用公式 $E_{ij} = k\frac{\sqrt{p_i v_i \times p_j v_j}}{D_{ij}^2}$，其中，$P_i$、$P_j$ 是两城市的旅游总人数，V_i、V_j 是两个城市的旅游总收入，E_{ij} 是指两个城市之间的经济联系强度，k 为常数，D_{ij} 是城市路网距离以及城市间的时间距离。对外联系最为紧密的区域为东北地区内的 41 个地级市、地区间的经济作用与旅游作用测度，得出 2000~2013 年东北地区边境旅游地域系统与东北地区地级市、地区的作用强度，并借助 ArcGIS 分析软件，建立空间网络，利用 OD 成分矩阵，制作关于城市网络体系中的城市间的网络连接

度，进一步分析城市网络体系的空间特征，将469组城市间的网络连接度也划分为十个层级如图6-1、图6-2所示。

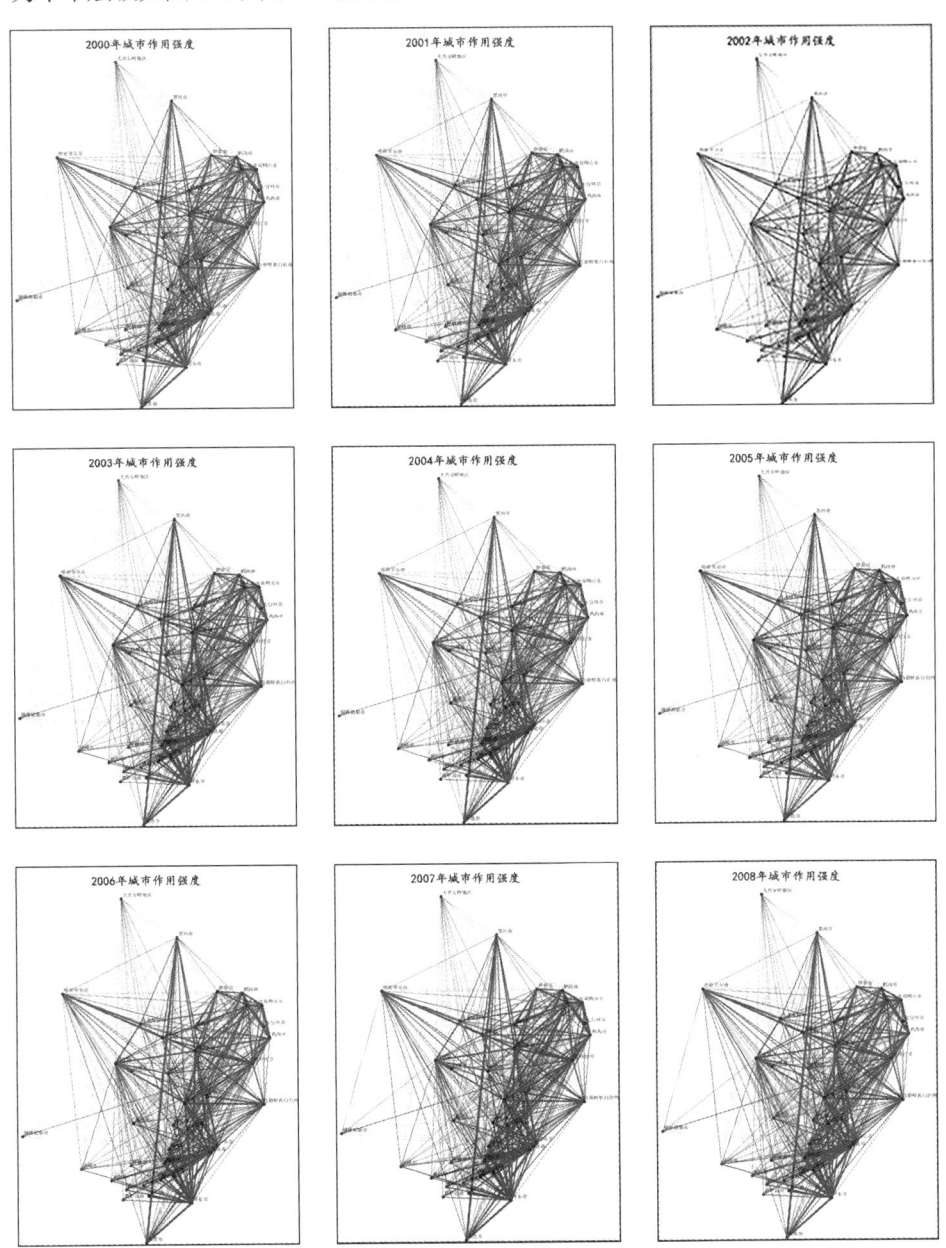

图6-1　东北地区边境旅游地域系统经济对外网络联系图

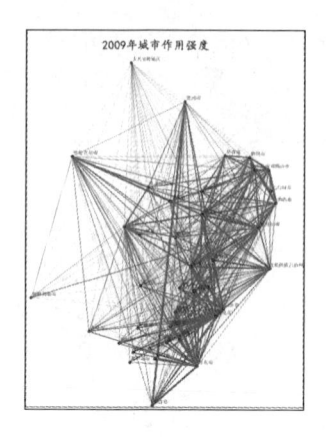

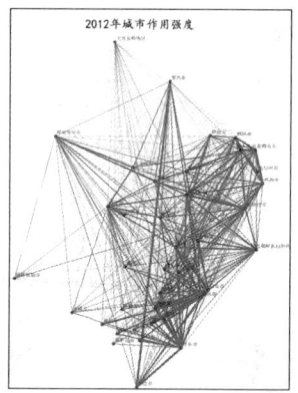

图 6-1　东北地区边境旅游地域系统经济对外网络联系图（续）

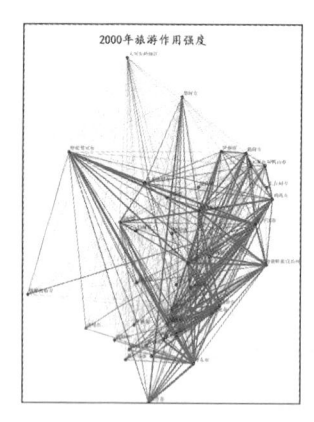

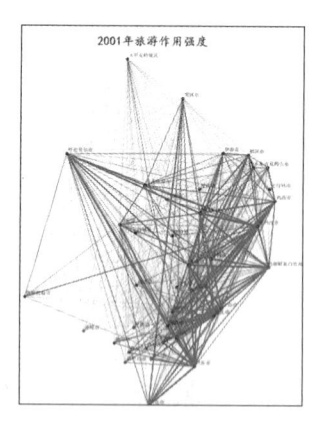

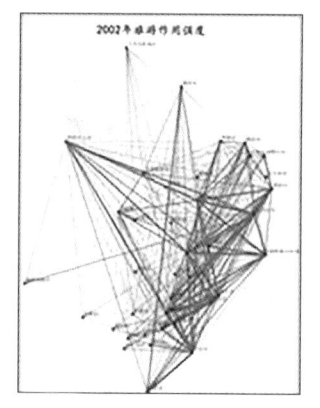

图 6-2　东北地区边境旅游地域系统旅游对外网络联系图

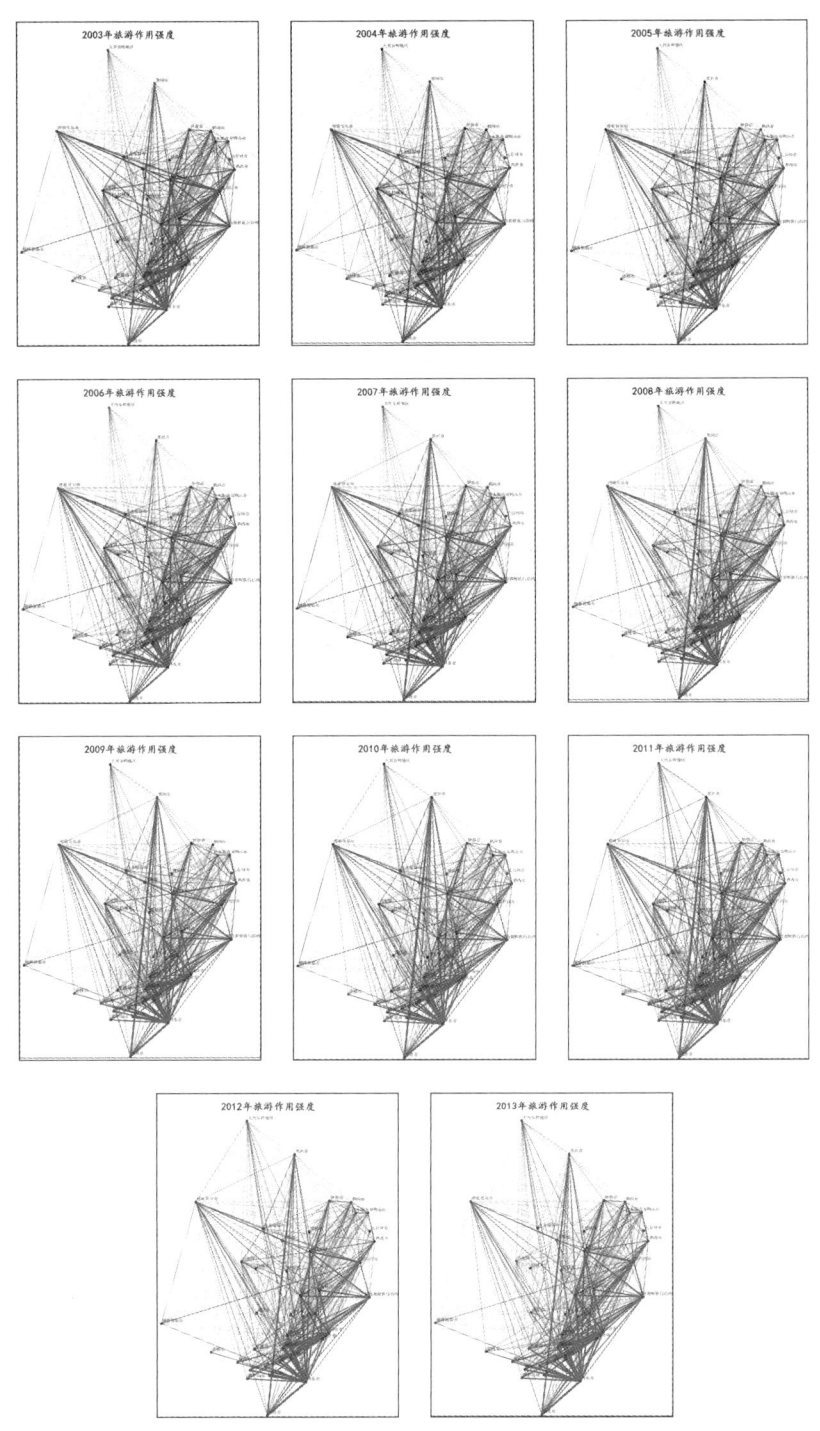

图 6-2 东北地区边境旅游地域系统旅游对外网络联系图（续）

二、对外经济作用强度分析

（一）边境城市与省会城市的经济作用明显

从图 6-1 中可以看出，区域内部对外联系度依据城市网络经济度进行排序。分析发现，边境旅游地域系统对哈—大城市带经济联系中存在着较高层级城市，但丹东、通化、黑河、牡丹江对哈尔滨、长春、大连、沈阳的经济作用强度较大，在城市层级平均水平上明显高于其他边境城市，而边境旅游地域系统对其他城市的经济联系的差异并不明显。从 2000~2013 年边境城市与中心城市间经济作用强度上来看，城市间的经济作用强度的经济度整体上都开始增强如图 6-1、表 6-1 所示，由于历年数量表格太多，所以同样选择其中的 4 年进行说明。各年经济度大的城市间如表 6-2 所示。可见，从 2000 年以来，边境城市与高等级城市间的经济作用强度增强。

表 6-1（a） 经济作用下边境城市旅游作用与经济中心城市的作用强度

单位：1 万经济度

年份	城市对	城市对	城市对	城市对	城市对	城市对	城市对
2000	丹—沈	牡—哈	白—沈	丹—大	牡—沈	通—沈	延—沈
	12.64632	9.99967	4.43011	12.64632	2.65713	2.21503	2.12490
2004	丹—沈	丹—大	牡—哈	鞍—丹	白—沈	通—沈	丹—长
	144.72772	86.39605	28.12928	21.62532	20.79143	18.054085	15.06195
2008	丹—沈	丹—大	黑—大	鞍—丹	牡—哈	沈—白	通—沈
	737.08156	454.20846	157.30042	120.24147	107.61911	92.83992	92.83992
2013	丹—沈	丹—大	丹—鞍	丹—长	牡—哈	黑—大	沈—白
	3834.33904	2573.92006	1029.52824	563.15935	556.4411	515.96769	462.46016

表6-1（b） 经济作用下边境城市与旅游中心城市的作用强度

单位：1万经济度

年份	城市对	城市对	城市对	城市对	城市对	城市对	城市对
2000	丹—本 19.66178	丹—沈 12.64632	牡—哈 9.99967	白—沈 4.43011	丹—大 4.43011	通—沈 2.21503	延—沈 2.12490
2004	丹—沈 144.72772	丹—大 86.39605	本—丹 39.97589	牡—哈 28.12928	鞍—丹 21.62532	白—沈 20.79143	沈—通 18.05408
2008	丹—沈 737.08156	丹—大 454.20846	本—丹 415.01656	抚—丹 158.21347	黑—大 157.30042	鞍—丹 120.24147	牡—哈 107.61911
2013	丹—沈 3834.33904	本—丹 3039.37790	丹—大 2573.92006	丹—鞍 1029.52824	丹—长 563.15935	黑—大 515.96769	沈—白 462.46016

表6-2 分年份边境城市与中心城市经济作用强度

单位：1万经济度

年份	城市对	城市对	城市对	城市对	城市对	城市对	城市对
2000	丹—沈 3.32937	牡—哈 1.80233	丹—大 1.64669	黑—大 1.39230	通—沈 1.22106	白—长 1.10196	丹—鞍 0.68153
2004	丹—沈 3.82521	丹—大 2.84439	牡—哈 2.67978	黑—大 2.26330	通—沈 1.92188	白—长 1.88915	通—长 1.46319
2008	丹—沈 7.9526	丹—大 5.85541	牡—哈 4.94290	通—沈 4.09458	黑—大 4.45037	白—长 3.74217	丹—鞍 2.07758
2013	丹—沈 15.31705	丹—大 11.55133	牡—哈 9.95073	黑—大 8.72834	通—沈 8.40746	白—长 7.84710	通—长 5.72826

表6-3（a） 旅游作用下边境城市旅游作用与经济中心城市的作用强度

单位：1万经济度

年份	城市对	城市对	城市对	城市对	城市对	城市对	城市对
2000	丹—沈 12.64632	牡—哈 9.99967	白—沈 4.43011	丹—大 12.64632	牡—哈 2.65713	通—沈 2.21503	延—沈 2.12490
2004	丹—沈 144.72772	丹—大 86.39605	牡—哈 28.12928	鞍—丹 21.62532	白—沈 20.79143	通—沈 18.054085	丹—长 15.06195

续表

年份	城市对	城市对	城市对	城市对	城市对	城市对	城市对
2008	丹—沈 737.08156	丹—大 454.20846	黑—大 157.30042	鞍—丹 120.24147	牡—哈 107.61911	沈—白 92.83992	通—沈 92.83992
2013	丹—沈 3834.33904	丹—大 2573.92006	丹—鞍 1029.52824	丹—长 563.15935	牡—哈 556.4411	黑—大 515.96769	沈—白 462.46016

表6-3（b） 旅游作用下边境城市与旅游中心城市的作用强度

单位：1万经济度

年份	城市对	城市对	城市对	城市对	城市对	城市对	城市对
2000	丹—本 19.66178	丹—沈 12.64632	牡—哈 9.99967	白—沈 4.43011	丹—大 4.43011	通—沈 2.21503	延—沈 2.12490
2004	丹—沈 144.72772	丹—大 86.39605	本—丹 39.97589	牡—哈 28.12928	鞍—丹 21.62532	白—沈 20.79143	沈—通 18.05408
2008	丹—沈 737.08156	丹—大 454.20846	本—丹 415.01656	抚—丹 158.21347	黑—大 157.30042	鞍—丹 120.24147	牡—哈 107.61911
2013	丹—沈 3834.33904	本—丹 3039.37790	丹—大 2573.92006	丹—鞍 1029.52824	丹—长 563.15935	黑—大 515.96769	沈—白 462.46016

从2000~2013年边境城市与旅游中心城市间经济作用强度上来看，边境城市经济作用对旅游经济度整体上都开始增强，如图6-2、表6-3所示，自2000年以来，边境城市与旅游中心城市间的经济作用强度也在增强，边境城市与中心旅游城市间的城市经济作用强度的变化很大，但经济作用强度有超强的路径依赖效应，整体上十多年来丹—沈、牡—哈、丹—大、黑—大、通—沈、白—长、通—长、长—延等城市间的作用强度次序并没有发生大的变化，只是总体上是经济作用强度强的城市间的作用强度越强，城市经济作用弱的城市间的作用并没有减弱，交通的便利使城市间的经济作用总体上加强。特别是边境城市与东北地区中心旅游城市的作用强度增强，增强了区域间的旅游经济联系如表6-4所示。

表 6-4　边境城市与中心旅游城市经济作用强度

单位：1 万经济度

年份	城市对	城市对	城市对	城市对	城市对	城市对	城市对
2000	丹—沈	牡—哈	丹—大	黑—大	通—沈	白—长	通—长
	2.32937	1.80233	1.64669	1.39230	1.22109	1.10196	0.83738
2004	丹—沈	丹—大	牡—哈	黑—大	通—沈	白—长	通—长
	3.82521	2.84439	2.67978	2.26330	1.92188	1.88915	1.46319
2008	丹—沈	丹—大	牡—哈	黑—大	通—沈	白—长	沈—白
	7.92526	5.85541	4.94290	4.50317	4.09458	3.74217	3.16577
2013	丹—沈	丹—大	牡—哈	黑—大	通—沈	白—长	通—长
	15.31705	11.55133	9.95073	8.72834	8.40746	7.84710	5.72826

（二）边境旅游地域系统对外联系网络呈现出分层集聚现象

从经济作用与旅游作用的网络空间结构图中得出城市层级、城市间的网络联系强度（＞5）两个角度分析边境旅游地域系统对外联系格局，边境旅游地域系统的对外联系存在分层集聚现象，具体表现为"三边四城"的空间格局。如表 6-2、表 6-4 所示，丹—沈、丹—大、牡—哈、黑—大、通—沈、白—长、通—长主导边境旅游地域系统对外经济联系和旅游联系的空间网络。三个边境城市分别为丹东、牡丹江、通化，四个东北地区城市为哈尔滨、长春、沈阳、大连。同时，其他边境城市对东北地区其他城市的联系也以哈尔滨、长春、沈阳、大连的经济度为较强。同时受到地理跨度的影响，省域内联系强度较大，省际内联系强度较小。

（三）边境旅游地域系统受高等级旅游强度城市主导

边境旅游地域系统中的边境城市与高等级城市间的旅游经济作用强度与经济作用强度不同，从 2000 年边境旅游地域系统中的边境城市对高等级城市的旅游经济作用强度来说，旅游经济作用强度的增长，特别是丹东市对各其高等级城市的旅游作用增强提升最大最快，从2000年丹—沈（12.64632）到2013年丹—沈（3834.33904），大约提高了3000倍，丹东对各城市的旅游作用强度也增强，在所有边境城市中，对各城市的旅游作用最大，有形成边境旅游地域系统中的中心区域的状态。边境城市对其他中心城市的旅游作用也开始与经济作用强度不同，其中鞍山、延边地区的旅游作用明显。

同时边境旅游地域系统中边境城市的对外作用表现为对经济中心城市的作用和对旅游中心城市的作用。在东北地区旅游高等级城市与经济高等级城市有相同的城市也有不同的城市。如表6-2所示，从2000年开始，丹东对东北各城市的旅游作用强度较其他边境城市作用要强，省域内作用强度较大，省际作用强度较小，总体上作用强度都提升得很快，到2008年后，丹东的边境区域体现则更为明显，而吉林省内边境城市与黑龙江省内边境城市、内蒙古自治区内边境城市的旅游作用强度低于丹东，同时也是随年份与各城市作用增强。

三、对外联系层次结构分析

（一）高等级职能城市选择模型

东北地区处在相对独立的经济区，发育稳定而成熟。在一个成熟的经济区中，存在完整的城市等级体系，形成了高等级城市（中心城市）、核心层城市以及边缘城市等。研究边境城市与中心城市间的经济作用强度。首先要找到东北地区的中心城市的等级划分。结合国内外学者的研究经验，选取指标主要考虑城市的国民生产总值与非农人口来表征经济实力与城市发展水平。各城市中心职能总强度为K_{T_i}，各城市平均职能强度K_{E_i}；V_i、P_i、S_i、G_i分别为城市GDP、非农人口数、科研人员数量、固定投资额。计算公式如下：

$$K_{T_i} = \frac{V_i}{\frac{1}{n}\sum_{i=1}^{n}v_i} + \frac{P_i}{\frac{1}{n}\sum_{i=1}^{n}p_i} + \frac{S_i}{\frac{1}{n}\sum_{i=1}^{n}S_i} + \frac{G_i}{\frac{1}{n}\sum_{i=1}^{n}G_i}, \quad K_{E_i} = \left(\frac{V_i}{\frac{1}{n}\sum_{i=1}^{n}v_i} + \frac{P_i}{\frac{1}{n}\sum_{i=1}^{n}p_i} + \right.$$

$$\left.\frac{S_i}{\frac{1}{n}\sum_{i=1}^{n}S_i} + \frac{G_i}{\frac{1}{n}\sum_{i=1}^{n}G_i}\right)/4,$$ 确定高等级中心城市检验边境旅游地域系统对外联系层次性，并分析东北地区各城市间经济联系的总强度 SE 与经济熵 HE，$SE = \sum_{i=1}^{n}\sum_{j=1}^{n}E_{ij}(i \neq j)$，$G_{ij} = \frac{E_{ij}}{SE}$，$E_{ij} = k\frac{\sqrt{p_iv_i \times p_jv_j}}{D_{ij}^2}$，$HE = \sum_{i=1}^{n}\sum_{j=1}^{n}G_{ij}\log_e G_{ij}(i \neq j)$，探索边境旅游地域系统对外联系空间紧密程度，HE 反映区域内经济作用的复杂程度。

资料来源为东北地区（黑、吉、辽、蒙东）41 个地级市。本节所有数据均直接或间接来源于 2000~2014 年《中国城市统计年鉴》《中国统计年鉴》《辽宁省统计年鉴》《吉林省统计年鉴》《黑龙江省统计年鉴》以及部分国民社会与经济发展统计公告内容。

（二）空间网络联系强度下的城市层次

在旅游职能等级划分中，旅游中心职能强度中 K_T 大于 13，且 K_E 大于 3 的为区域中心，K_T 在 3~13，且 K_E 在 1~2 的为二级等级旅游城市，其他城市为三级等级旅游城市。从 2000~2013 年旅游中心职能强度可以看出（见表 6-5），沈阳市、大连市、哈尔滨市、长春市为东北地区旅游中心城市。也就是说，这四个城市为东北地区的第一等级城市，而鞍山市、大庆市、丹东市、呼和浩特市、吉林市、抚顺市、锦州市为第二等级城市，其他为第三等级城市。或见边境旅游地域系统对外联系紧密的"三边四城"中，"四城"均为东北地区第一等级城市，而"三边"只有丹东市为第二等级旅游城市，其他均为第三等级旅游城市，同时旅游平均职能强度值多集中在 1~2、0~1，说明第二等级城市对第三等级城市辐射作用不明显，第三等级城市更多来源于行政隶属县的旅游影响。

表 6-5（a） 分年度东北地区旅游中心职能强度

地区	K_{T2008}	K_{E2008}	地区	K_{T2013}	K_{E2013}
沈阳市	23.1247	5.7812	沈阳市	21.0157	5.2539

续表

地区	K_{T2008}	K_{E2008}	地区	K_{T2013}	K_{E2013}
大连市	16.0078	4.0020	大连市	15.2137	3.8034
哈尔滨市	14.1003	3.5251	哈尔滨市	14.6395	3.6599
长春市	14.0933	3.5233	长春市	13.0102	3.2525
大庆市	9.1756	2.2939	鞍山市	8.1700	2.0425
铁岭市	6.7888	1.6972	大庆市	6.7049	1.6762
吉林市	5.7487	1.4372	丹东市	6.0425	1.5106
鞍山市	5.7458	1.4364	呼和浩特市	5.3363	1.3341
呼和浩特市	5.0957	1.2739	吉林市	5.2635	1.3159
丹东市	4.3763	1.0941	锦州市	5.2557	1.3139
抚顺市	4.2156	1.0539	抚顺市	4.9937	1.2484
本溪市	3.9099	0.9775	本溪市	4.7600	1.1900
锦州市	3.4999	0.8750	营口市	3.5763	0.8941
盘锦市	3.3971	0.8493	葫芦岛市	3.5527	0.8882
辽阳市	3.1964	0.7991	辽阳市	3.4736	0.8684
齐齐哈尔市	3.0595	0.7649	铁岭市	3.4188	0.8547
营口市	3.0265	0.7566	赤峰市	3.0933	0.7733
朝阳市	2.7993	0.6998	盘锦市	3.0920	0.7730
延边州	2.7992	0.6998	朝阳市	2.9850	0.7463
赤峰市	2.7905	0.6976	齐齐哈尔市	2.6616	0.6654
葫芦岛市	2.5656	0.6414	通辽市	2.6061	0.6515
锡林郭勒盟	2.5457	0.6364	延边州	2.4923	0.6231
通辽市	2.3816	0.5954	牡丹江市	2.1907	0.5477
牡丹江市	2.2441	0.5610	阜新市	2.0788	0.5197
通化市	1.7903	0.4476	锡林郭勒盟	1.8873	0.4718
四平市	1.6675	0.4169	松原市	1.8195	0.4549
松原市	1.5789	0.3947	白城市	1.8104	0.4526
黑河市	1.3602	0.3400	通化市	1.5883	0.3971
阜新市	1.3216	0.3304	白山市	1.3174	0.3294
白山市	1.1198	0.2799	兴安盟	1.1621	0.2905

续表

地区	K_{T2008}	K_{E2008}	地区	K_{T2013}	K_{E2013}
白城市	1.0692	0.2673	四平市	1.1573	0.2893
鸡西市	1.0309	0.2577	黑河市	1.0392	0.2598
佳木斯市	0.9785	0.2446	绥化市	1.0047	0.2512
兴安盟	0.9240	0.2310	伊春市	0.9026	0.2256
伊春市	0.9196	0.2299	鸡西市	0.8810	0.2203
绥化市	0.9015	0.2254	佳木斯市	0.8649	0.2162
辽源市	0.8283	0.2071	双鸭山市	0.8067	0.2017
双鸭山市	0.6248	0.1562	辽源市	0.7355	0.1839
七台河市	0.4943	0.1236	大兴安岭	0.5946	0.1487
大兴安岭	0.3512	0.0878	鹤岗市	0.4719	0.1180
鹤岗市	0.3512	0.0878	七台河市	0.3296	0.0824

表6-5（b） 分年度东北地区旅游中心职能强度

地区	K_{T2000}	K_{E2000}	地区	K_{T2004}	K_{E2004}
铁岭市	42.6251	10.6563	沈阳市	26.1456	6.5364
本溪市	23.0973	5.7743	大连市	17.5688	4.3922
沈阳市	18.3011	4.5753	哈尔滨市	16.3689	4.0922
哈尔滨市	13.0730	3.2682	长春市	14.6321	3.6580
大连市	9.7848	2.4462	大庆市	7.9832	1.9958
长春市	9.2981	2.3245	吉林市	6.5748	1.6437
大庆市	5.3334	1.3334	鞍山市	6.2567	1.5642
鞍山市	4.2735	1.0684	呼和浩特市	6.1072	1.5268
呼和浩特市	4.0582	1.0145	丹东市	4.2995	1.0749
齐齐哈尔市	3.0243	0.7561	齐齐哈尔市	3.9112	0.9778
吉林市	2.7257	0.6814	锦州市	3.1041	0.7760
牡丹江市	2.3512	0.5878	本溪市	3.0888	0.7722
丹东市	2.2497	0.5624	延边州	2.9492	0.7373
延边州	2.1081	0.5270	赤峰市	2.9002	0.7251
锦州市	2.0889	0.5222	葫芦岛市	2.7864	0.6966

续表

地区	K_{T2000}	K_{E2000}	地区	K_{T2004}	K_{E2004}
葫芦岛市	1.4901	0.3725	绥化市	2.7817	0.6954
营口市	1.3775	0.3444	牡丹江市	2.7242	0.6811
抚顺市	1.2514	0.3128	铁岭市	2.7037	0.6759
四平市	1.1862	0.2965	营口市	2.5609	0.6402
赤峰市	1.1183	0.2796	抚顺市	2.5001	0.6250
鸡西市	1.0813	0.2703	盘锦市	2.4712	0.6178
朝阳市	1.0405	0.2601	锡林郭勒盟	2.1464	0.5366
盘锦市	0.9826	0.2457	通辽市	2.1191	0.5298
辽阳市	0.9113	0.2278	辽阳市	1.9701	0.4925
锡林郭勒盟	0.8408	0.2102	四平市	1.6698	0.4174
通化市	0.7700	0.1925	兴安盟	1.5246	0.3812
佳木斯市	0.7518	0.1879	朝阳市	1.5090	0.3773
通辽市	0.7066	0.1766	通化市	1.3862	0.3466
鹤岗市	0.6662	0.1665	松原市	1.2586	0.3147
阜新市	0.6440	0.1610	阜新市	1.1789	0.2947
兴安盟	0.6430	0.1607	鸡西市	1.1235	0.2809
松原市	0.6288	0.1572	佳木斯市	1.0634	0.2658
白山市	0.6060	0.1515	白城市	1.0262	0.2566
白城市	0.5494	0.1373	白山市	0.9911	0.2478
伊春市	0.5183	0.1296	伊春市	0.9873	0.2468
绥化市	0.4684	0.1171	黑河市	0.9103	0.2276
黑河市	0.4643	0.1161	辽源市	0.8397	0.2099
辽源市	0.2740	0.0685	双鸭山市	0.6491	0.1623
双鸭山市	0.2298	0.0575	七台河市	0.4721	0.1180
大兴安岭	0.2036	0.0509	鹤岗市	0.4406	0.1101
七台河市	0.2033	0.0508	大兴安岭	0.3153	0.0788

（三）空间网络联系强度下的城市联系紧密度与复杂程度

成都地理所的黄炳康教授曾对沪（上海）宁（南京）、沈（阳）大（连）、成（都）渝（重庆）、济（南）青（岛）四大经济带的经济作用强度和经济熵进行计算，结果如下：成渝经济带：SE=2683.70，HE=1.0286；沪宁经济带：SE=35813.28，HE=1.2463；沈大经济带：SE=17899.80，HE=0.893；济青经济带：SE=6404，HE=0.932。与黄炳康教授等研究结果比较来看，沈大经济带包括大连、沈阳、营口、辽阳、鞍山五个城市，其城市间的经济作用总强度非常强，而2000年东北地区的41个城市间的作用强度远不及五个城市间的经济作用强度。如表6-6所示，在2000年，边境城市间的经济作用强度非常小，可见，整个东北地区的整体经济作用相对比较松散。HE表示经济作用熵，HE越低，则说明整个区域经济作用性越好，城市空间结构与经济联系越紧密。从2000年的东北地区来看，HE较沈大经济带的HE高，所以说明东北地区整体上城市结构类型不单一，同时反映出城市数量相对较多，且规模差距比较大。从2004年后，东北区的SE快速提高，边境区的SE也快速变大，区域内形成多个城市中心职能的城市，城市规模差距也加大。城市间的经济作用度增加，从东北区与边境区的SE可以看出，边境区对东北区而言，边境区的整个经济作用熵更小，说明边境城市间的城市规模相对整个东北区差距较小。

表6-6 分年份东北地区与东北边境地区经济作用总强度与经济作用熵

年份	东北区 SE	东北区 HE	边境区 SE	边境区 HE
2000	2010.29	4.7943	38.49	3.4507
2004	12860.40	13.2006	235.32	9.7516
2008	33497.88	18.6007	581.34	13.8248
2013	86183.25	24.2827	1490.19	18.2709

第三节　边境旅游城市化发展与边境旅游系统的协同发展

东北地区边境旅游的发展依赖边境贸易与城市化发展水平，一般进行城市化水平都是利用城镇人口与总人口的比重来看，但只由一个指标进行城市化水平分析难以反映区域间的真实情况，基于此，这里以 2000 年、2004 年、2008 年以及 2012 年、2013 年东北地区（因蒙东地区不是全区的，所以这里选择东北三省）的 34 个地级市为研究对象，构建了城市化水平综合测度模型，借助于 ArcGIS 技术对其进行了空间制图表达，对东北地区城市化演变历程以及空间分异特征进行综合研究，同时分列出边境城市及边境城市旅游收入、旅游人数、入境收入、外汇收入的四个阶段进行研究边境城市旅游发展与城市化水平间的协同发展关系。

一、城市化指标选取

学者对于城市化的研究往往基于人口—经济（或社会）—空间（或景观）等视角，借鉴已有研究成果，依据指标的代表性、可得性以及可比性等原则，本节设计指标体系如表 6-7 所示。

表 6-7　东北地区城市化综合测度指标体系

系统层（权重）	指标层	权重
人口城市化（UP）（0.1803）	非农人口占总人口比重（%）	0.0086
	第二、第三产业就业人口比重（%）	0.0029
	城市人口密度（人/平方千米）	0.1688
经济城市化（UE）（0.5047）	人均 GDP（元/人）	0.0672
	全社会固定资产投资（万元）	0.2030
	第二产业增加值/第三产业增加值（倍）	0.0419
	社会消费品零售总额（万元）	0.1926

续表

系统层（权重）	指标层	权重
社会城市化（UC）（0.1131）	万人拥有卫生技术人员数（人）	0.0269
	人均居住用地面积（平方米/人）	0.0390
	万人拥有医疗床位数（人）	0.0157
	人均城市道路面积（平方米/人）	0.0270
	农民纯收入/城镇居民可支配收入（%）	0.0046
空间城市化（US）（0.2018）	市辖区建成区面积（平方千米）	0.0587
	城市建设用地面积占市区面积比重（%）	0.0678
	人均建成区面积（平方千米/万人）	0.0461
	人均绿地面积（平方米/人）	0.0292

根据熵值法计算步骤，首先对东北地区2000年、2004年、2008年以及2012年四个时期16项指标共计2176项数据统一进行标准化处理。由于目前东北地区城市化仍是基于工业化的大力发展，由此数据标准化可采用正则化公式：$x'_{ij}=x_{ij}/x_{jmax}$。在此基础上，求出16项指标的差异性系数 g_j，进而得出各指标的权重 w_j。最后运用公式：$UN=w_j \times x'_{ij}$，计算四个时期东北地区34个地级市综合城市化水平以及子系统城市化水平，利用ArcGIS技术对其进行空间制图表达，分析东北地区城市化演变历程以及空间分异特征。通常综合城市化得分 $UN \in (0, 1)$，参考相关研究成果，将城市化发展水平划分为四个阶段：低水平发展阶段（$0<UN \leq 0.3$）、质量提升阶段（$0.3<UN \leq 0.6$）、优化发展阶段（$0.6<UN \leq 0.8$）、成熟完善阶段（$0.8<UN \leq 1$）。

二、数据来源

文中所指东北地区包括东北三省（黑、吉、辽）34个地级市（吉林省延边州和黑龙江省大兴安岭地区数据缺失，不作为研究对象），所有数据均直接或间接来源于《中国城市统计年鉴》《中国统计年鉴》《辽宁省统计年鉴》《吉林省统计年鉴》《黑龙江省统计年鉴》。

三、测度结果分析

（一）边境城市化水平时空演变中多数处在初水平发展阶段

指标权重分析（见表6-7）表明，对城市化水平测度结果影响最大的是全社会固定资产投资（0.2030）、社会消费品零售总额（0.1926）和城市人口密度（0.1688），说明东北地区城市化主要由投资和消费拉动，具有"自上而下"和"自下而上"双重城市化性质，同时印证了东北地区城市化的主要动力源于经济增长，其次是人口城市化因素。城乡协调度（0.0046）和第二、第三产业就业人口比重（0.0029）权重最低，说明东北地区城市化进程中，人口城市化并未完全实现农民身份的"市民化"。

地级市层面分析，2000年锦州、辽阳、盘锦、鞍山、抚顺、大庆、长春、白山、哈尔滨、大连10个城市属于质量提升阶段，仅沈阳属于优化发展阶段，其余城市均为低水平发展阶段；2004年锦州、营口、辽阳、盘锦、鞍山、抚顺、大庆、长春、吉林、哈尔滨10个城市属于质量提升阶段，而大连和沈阳分别为优化发展阶段和成熟完善阶段，其余城市均为低水平发展阶段；2008年营口、辽阳、盘锦、鞍山、大庆、长春、吉林、哈尔滨8个城市属于质量提升阶段，大连为优化发展阶段，沈阳为成熟完善阶段，其余城市均为低水平发展阶段；2012年营口、辽阳、盘锦、鞍山、齐齐哈尔、大庆、松原、辽源、长春、吉林、鹤岗、伊春、鸡西、佳木斯、牡丹江15个城市属于质量提升阶段，大连、哈尔滨、沈阳均为优化发展阶段，其余城市均属于低水平发展阶段。总体上看，东北地区各地级市城市化发展质量不断提高，但仍有众多城市处于低水平城市化发展阶段，主要为边境城市，说明边境旅游地域系统中发育成为成熟期还有很长的距离。

表6-8 地级市城市化水平得分情况

城市	2000年					2004年				
	UP	UE	UC	US	UN	UP	UE	UC	US	UN
葫芦岛	0.027	0.083	0.053	0.093	0.257	0.091	0.063	0.046	0.094	0.294

续表

城市	2000年					2004年				
	UP	UE	UC	US	UN	UP	UE	UC	US	UN
朝阳	0.049	0.039	0.059	0.078	0.226	0.061	0.042	0.053	0.061	0.216
锦州	0.105	0.044	0.076	0.078	0.303	0.103	0.068	0.066	0.072	0.309
营口	0.061	0.053	0.070	0.049	0.232	0.145	0.086	0.060	0.117	0.409
丹东	0.055	0.051	0.067	0.051	0.224	0.059	0.068	0.066	0.076	0.270
辽阳	0.074	0.055	0.081	0.101	0.311	0.132	0.068	0.077	0.057	0.334
盘锦	0.115	0.096	0.077	0.099	0.387	0.106	0.113	0.083	0.116	0.418
阜新	0.099	0.030	0.064	0.096	0.288	0.068	0.043	0.063	0.105	0.278
鞍山	0.130	0.144	0.068	0.062	0.405	0.130	0.146	0.059	0.068	0.403
本溪	0.049	0.069	0.064	0.073	0.256	0.070	0.084	0.070	0.072	0.296
沈阳	0.083	0.437	0.073	0.091	0.684	0.183	0.452	0.092	0.113	0.840
铁岭	0.041	0.041	0.063	0.112	0.257	0.081	0.056	0.055	0.058	0.250
抚顺	0.112	0.061	0.060	0.125	0.358	0.074	0.096	0.062	0.110	0.342
白城	0.021	0.026	0.054	0.081	0.181	0.032	0.044	0.054	0.104	0.234
齐齐哈尔	0.024	0.059	0.064	0.105	0.253	0.048	0.068	0.063	0.099	0.278
黑河	0.008	0.029	0.059	0.108	0.205	0.016	0.025	0.061	0.108	0.210
大庆	0.020	0.287	0.104	0.130	0.541	0.048	0.195	0.083	0.141	0.467
绥化	0.022	0.035	0.048	0.104	0.209	0.057	0.052	0.048	0.104	0.261
松原	0.032	0.058	0.030	0.100	0.220	0.048	0.070	0.043	0.051	0.213
四平	0.051	0.040	0.064	0.078	0.233	0.082	0.052	0.050	0.053	0.237
通化	0.038	0.034	0.064	0.103	0.238	0.056	0.053	0.059	0.094	0.262
辽源	0.121	0.023	0.062	0.077	0.284	0.086	0.034	0.066	0.055	0.240
吉林	0.056	0.109	0.067	0.065	0.297	0.059	0.175	0.070	0.085	0.390
长春	0.050	0.174	0.059	0.065	0.349	0.121	0.258	0.063	0.116	0.559
白山	0.184	0.041	0.067	0.095	0.387	0.034	0.041	0.081	0.046	0.201
哈尔滨	0.104	0.314	0.078	0.092	0.587	0.067	0.317	0.076	0.094	0.555
鹤岗	0.019	0.030	0.057	0.106	0.213	0.035	0.039	0.067	0.111	0.251

续表

城市	2000年					2004年				
	UP	UE	UC	US	UN	UP	UE	UC	US	UN
伊春	0.016	0.028	0.057	0.123	0.224	0.023	0.032	0.069	0.139	0.263
七台河	0.023	0.027	0.053	0.116	0.220	0.054	0.039	0.063	0.125	0.280
鸡西	0.031	0.034	0.054	0.091	0.210	0.037	0.043	0.056	0.114	0.249
双鸭山	0.023	0.031	0.056	0.103	0.213	0.030	0.040	0.061	0.108	0.239
佳木斯	0.031	0.047	0.075	0.106	0.259	0.032	0.046	0.060	0.085	0.222
牡丹江	0.041	0.061	0.072	0.099	0.271	0.030	0.065	0.074	0.120	0.288
大连市	0.067	0.229	0.072	0.068	0.435	0.153	0.369	0.084	0.106	0.713

城市	2008年					2012年				
	UP	UE	UC	US	UN	UP	UE	UC	US	UN
葫芦岛	0.091	0.040	0.040	0.099	0.270	0.017	0.067	0.063	0.099	0.246
朝阳	0.060	0.050	0.035	0.071	0.216	0.021	0.077	0.056	0.080	0.234
锦州	0.103	0.051	0.046	0.077	0.278	0.041	0.092	0.047	0.100	0.280
营口	0.144	0.078	0.052	0.131	0.406	0.090	0.104	0.054	0.118	0.365
丹东	0.058	0.056	0.051	0.070	0.235	0.050	0.090	0.066	0.058	0.264
辽阳	0.129	0.057	0.066	0.125	0.378	0.023	0.086	0.084	0.112	0.306
盘锦	0.110	0.104	0.070	0.118	0.402	0.049	0.120	0.081	0.132	0.382
阜新	0.066	0.030	0.050	0.111	0.258	0.034	0.060	0.068	0.122	0.284
鞍山	0.128	0.132	0.059	0.066	0.385	0.046	0.156	0.058	0.073	0.333
本溪	0.068	0.064	0.066	0.092	0.289	0.019	0.091	0.068	0.072	0.250
沈阳	0.183	0.459	0.069	0.133	0.843	0.038	0.454	0.077	0.139	0.707
铁岭	0.080	0.065	0.053	0.076	0.274	0.039	0.086	0.070	0.097	0.293
抚顺	0.072	0.067	0.053	0.098	0.289	0.042	0.111	0.061	0.074	0.288
白城	0.031	0.036	0.029	0.104	0.200	0.019	0.058	0.041	0.106	0.224
齐齐哈尔	0.048	0.028	0.027	0.082	0.185	0.127	0.063	0.044	0.099	0.333
黑河	0.015	0.014	0.023	0.116	0.167	0.088	0.020	0.050	0.128	0.285
大庆	0.049	0.157	0.069	0.133	0.408	0.076	0.201	0.089	0.140	0.506
绥化	0.058	0.013	0.023	0.106	0.200	0.059	0.042	0.028	0.116	0.244

续表

城市	2008年 UP	UE	UC	US	UN	2012年 UP	UE	UC	US	UN
松原	0.048	0.075	0.045	0.114	0.282	0.039	0.105	0.040	0.123	0.307
四平	0.082	0.048	0.031	0.087	0.248	0.055	0.077	0.045	0.108	0.285
通化	0.055	0.060	0.031	0.111	0.257	0.055	0.082	0.049	0.112	0.298
辽源	0.083	0.048	0.040	0.076	0.248	0.050	0.067	0.063	0.127	0.307
吉林	0.059	0.121	0.034	0.096	0.309	0.026	0.173	0.057	0.092	0.348
长春	0.123	0.197	0.044	0.129	0.493	0.032	0.274	0.069	0.142	0.517
白山	0.033	0.049	0.038	0.089	0.209	0.017	0.072	0.059	0.073	0.221
哈尔滨	0.067	0.126	0.037	0.101	0.331	0.181	0.284	0.059	0.116	0.639
鹤岗	0.034	0.028	0.060	0.110	0.231	0.117	0.043	0.065	0.119	0.344
伊春	0.022	0.021	0.074	0.142	0.260	0.078	0.028	0.088	0.165	0.360
七台河	0.054	0.034	0.048	0.111	0.248	0.029	0.039	0.062	0.135	0.265
鸡西	0.035	0.024	0.042	0.105	0.206	0.150	0.042	0.067	0.118	0.377
双鸭山	0.028	0.030	0.039	0.110	0.208	0.070	0.047	0.061	0.120	0.298
佳木斯	0.031	0.022	0.029	0.107	0.189	0.103	0.041	0.056	0.122	0.322
牡丹江	0.029	0.027	0.040	0.137	0.233	0.135	0.058	0.068	0.128	0.390
大连市	0.155	0.335	0.071	0.131	0.693	0.048	0.425	0.076	0.140	0.689

省域层面分析表明（见表6-9），辽宁省为经济导向型城市化，但2004年和2008年人口城市化显示了强劲动力，且空间城市化增速较快。2000年和2008年吉林省属于空间导向型城市化，其余年份均为经济导向型城市化，黑龙江省均为空间导向型城市化。理想城市化之路应是经济的空间集聚，其基点是产业的空间集聚，由产业的空间集聚带动人口的流动，进而引起社会要素、空间因素的相应改变，所以健康城市化应该是经济城市化＞人口城市化＞社会城市化＞空间城市化，由此可见，东北地区特别是边境地区走的是一条粗放式城市化道路，未来要大力提高社会基础服务水平，增强城市化发展的社会支撑能力。同时加快经济发展，推进产业结构调整升级进程，增强空间利用效率，最终提高

城市化发展的经济效益和空间效益。

表 6-9　东北三省城市化水平得分情况

年份	省份	UP	UE	UC	US	UN
2000	辽宁省	0.0763	0.1022	0.0677	0.0840	0.3302
	吉林省	0.0692	0.0631	0.0583	0.0831	0.2737
	黑龙江省	0.0301	0.0818	0.0648	0.1070	0.2837
2004	辽宁省	0.1041	0.1253	0.0668	0.0876	0.3838
	吉林省	0.0648	0.0909	0.0608	0.0754	0.2919
	黑龙江省	0.0397	0.0801	0.0651	0.1122	0.2971
2008	辽宁省	0.1034	0.1135	0.0557	0.0999	0.3725
	吉林省	0.0642	0.0794	0.0364	0.1009	0.2809
	黑龙江省	0.0393	0.0437	0.0424	0.1134	0.2388
2013	辽宁省	0.0397	0.1441	0.0664	0.1012	0.3514
	吉林省	0.0345	0.1146	0.0528	0.1123	0.3234
	黑龙江省	0.1210	0.0861	0.0724	0.1345	0.3639

（二）边境地区与东北地区城市化空间分异特征

1. 综合城市化空间分异

依据熵值法计算得分分别对 34 个地级市进行赋值，根据自然断裂点法将其分为五类。2000 年以沈阳和哈尔滨为中心形成高水平城市化区，"双核"特征显著，但总体上南北分异特征并不明显。东西两翼城市化水平较低，形成"凹槽区"，中部哈大经济走廊形成"隆起带"，东中西分异特征显著；2000~2004 年呈现由北向南递增趋势，形成以沈阳和大连为中心的高水平城市化区，以哈尔滨、大庆、长春和吉林为中心的次高级区，但东西两翼城市化水平仍很低，基本处于空间被剥夺地位，中部"隆起带"空间分异现象显现，四平、铁岭地区城市化水平很低，与哈长地区和沈阳经济区形成鲜明对比；2004~2008 年城市化水平继续向南递增，沈阳经济区和沿海经济带集聚作用逐渐增强，而哈长地区则相对减弱，南北分异现象极为显著。但此时期哈大走廊整体城市化水平不断提高，中心城市对周边城市的辐射作用逐步增强；2008~2012年城市化水平则向北递增，哈尔滨、大庆、长春重新成为高水平区，且伊春、鸡西和牡丹江等边境地区城市化水平提升较快，带动了北部地区整体水平的提高，南北城市化水平的空间分异程度不断缩小。此时期哈长地区"中心——边缘"特征显著，而辽宁省则是以沈阳和大连为中心的"双核"特征突出。

通过以上分析可知，现阶段沈阳经济区和辽宁沿海经济带仍是东北地区城市化发展的引擎，但随着经济社会的进步，哈—长地区得到了长足发展，东北地区长时期单核结构将会得到优化，边境城市在整个城市化水平中处在边缘地带，其发展传统经济很难具有优势，所以边境旅游作为边境地区的新兴经济增长点，能够为东北地区向外发展提供更为便利的软着陆通道。

2. 子系统城市化空间分异

以哈大铁路沿线地级市（哈尔滨、长春、四平、铁岭、沈阳、辽阳、鞍山、营口和大连）城市化水平分异特征表征南北方向的空间分异情况，则四个年份人口城市化趋势线的空间斜率依次为0.0013、0.0094、0.0093、–0.0065，说明人口城市化在2000~2004年和2004~2008年逐次向南递增，而2008~2012年向南递减，具有相对明显的时序性特征，总体经历了2000~2008年人口高速向南流动，2008~2012年快速向北流动的空间变化过程；经济城市化空间斜率依次为0.0080、0.0018、0.0107、0.0035，说明经济城市化逐年向南递增，具有波浪形的变化特征，经过2000~2004年慢速增长阶段、2004~2008年快速增长阶段，现在进入较为稳定的增长阶段；空间城市化依次为–0.0028、0.0013、0.0041、0.0016，说明空间城市化逐年向南递增，但速度趋缓；社会城市化为0.0006、0.0011、0.0038、0.0011，整体上社会城市化逐年向南递增，但速度较慢，严重滞后于人口城市化、经济城市化以及空间城市化的进程，侧面印证了东北地区城市化具有粗放式、外延式的属性。

借鉴已有研究成果，结合东北地区各地级市实际情况，划分研究区域为东部地区、中部地区、西部地区以及沿海地区与内陆地区[①]，综合比较东北地区城市化东中西以及沿海与内陆的空间分异情况（见表6-10、表6-11）。

由表6-10可知，首先，东部与西部城市化水平与中部地区有显著差距，且具有时序性特点，即2000~2008年东西部与中部差距不断缩小，2008~2012年不断增加。西部地区城市化水平略大于东部地区；其次，中部地区为经济城市化导向型，是相对合理、集约和高效的城市化模式，而东部与西部地区属于空间导向型，相较而言城市化模式粗放、低效；最后，东部和西部人口城市化总体增加，而中部减少，说明人口已经由中部地区集聚发展开始向东西两翼辐射扩散。三个地区社会城市化逐年递减，说明城市化发展的社会基础服务支撑能力减弱。

表6-10 东北东部、中部、西部地区城市化数据

年份	东部（10^{-1}）				中部（10^{-1}）				西部（10^{-1}）			
	UP	UE	UC	US	UP	UE	UC	US	UP	UE	UC	US
2000	0.495	0.395	0.627	0.967	0.701	0.986	0.98	0.536	0.487	0.469	0.612	0.966
2004	0.406	0.481	0.652	0.976	0.986	1.639	0.673	0.864	0.606	0.550	0.606	0.999
2008	0.398	0.366	0.418	1.057	0.980	1.353	0.526	1.021	0.605	0.388	0.416	1.026
2012	0.806	0.572	0.615	1.093	0.536	1.796	0.647	1.073	0.531	0.625	0.567	1.148

表6-11 东北沿海与内陆地区城市化数据

年份	沿海（10^{-1}）				内陆（10^{-1}）				内陆（除省会城市）（10^{-1}）			
	UP	UE	UC	US	UP	UE	UC	US	UP	UE	UC	US
2000	0.718	0.925	0.691	0.730	0.555	0.844	0.635	0.960	0.527	0.575	0.627	0.976
2004	1.097	1.279	0.675	0.969	0.641	0.955	0.642	0.926	0.569	0.659	0.627	0.909
2008	1.103	1.108	0.550	1.046	0.633	0.744	0.446	1.050	0.560	0.520	0.440	1.030
2012	0.491	1.496	0.645	1.078	0.631	1.049	0.608	1.128	0.606	0.770	0.599	1.105

① 东部地区包括鹤岗、佳木斯、双鸭山、七台河、鸡西、牡丹江、白山、通化、丹东；中部地区包括哈尔滨、大庆、长春、松原、四平、吉林、辽源、铁岭、抚顺、沈阳、本溪、辽阳、鞍山、营口、大连；西部地区包括除东部城市和西部城市之外的地级市；沿海地区包括大连、丹东、锦州、营口、盘锦、葫芦岛；内陆地区包括除沿海城市之外的地级市。

由表 6-11 可知，2000~2008 年沿海与内陆地区差距不断扩大，2008~2012年不断缩小，与人口城市化的变化具有相对一致性特征。同时，2000~2008 年省会城市人口迁入的速度大于内陆其他城市，说明该阶段省会城市发挥着区域核心极化作用，而 2008~2012 年省会城市人口增加速度慢于其他内陆城市，主要由于省会城市房价较高以及工作生活压力过大等因素迫使部分人口迁往边缘城市；就经济城市化而言，沿海与内陆差距不断扩大，说明目前经济发展中心仍集中于沿海地区。另外，内陆省会城市对于经济城市化影响显著，说明省会城市仍占据区域发展绝对主导地位；沿海地区城市化平均得分存在经济城市化（0.12020）>空间城市化（0.09558）>人口城市化（0.08523）>社会城市化（0.06403），内陆地区则存在空间城市化（0.10160）>经济城市化（0.08980）>人口城市化（0.06150）>社会城市化（0.05828），说明沿海地区城市化发展相较于内陆具有更大的合理性。边境城市在各子系统的城市化发展中也在提升，并随着整个城市化水平的提高很快与整个城市化协同发展。

四、作用机制

（一）边境旅游地域系统内生态城市化相对较强

自然条件是区域发展的基础，自然条件的差异性决定了区域发展水平的层次。东北地区是一个相对完整的地理单元，具有较为显著的东中西自然条件的差异性：东部以山地和丘陵为主，为边境城市集中地区，拥有丰富的森林资源、旅游资源，但同时肩负着整个东北地区生态安全、政治安全的重责，所以东部地区主要以林产品加工业、林下资源产业生产与加工、边境旅游为主，经济总量相对不高，区域发展水平较低；中部地区主要以平原为主，地势平坦，土壤肥沃，适宜人们的生产与生活，长时期历史发展惯性累积，导致该地区的发育水平最高；西部地区主要以草原和湿地为主，同时东北地区生态环境脆弱地域集中分布于西部地区，导致城市发展所受到的生态环境"扰动"作用明显，制约了该地区的发展，导致其发育水平持续较低。另外，南部地区地处暖温带，环境条件优越，同时区域资源禀赋丰富，导致人类居住和开发活动较早，形成了农业、工业以及第三产业发展高地；而广阔的北部地区地处寒温带与寒带，气候条件相对南部地区较差，不利于人们的生产与生活，导致地域发展水平与南部地区形成了显著差异性。

（二）边境旅游地域系统内的产业结构优化升级较慢

长时期以来，东北地区城市快速发展依赖于资源掠夺式开发，由此形成众多单一职能城市和大中型国有企业。然而，随着资源逐渐枯竭以及市场经济体制的并轨，国有企业发展举步维艰，城市发展的动力严重不足。由于城市职能单一，替代产业尚未形成，且长时期东北地区深受计划经济的影响，市场发育程度较低，牵引作用不强，导致产业结构的优化升级缺乏动力，产业结构呈现"嵌入式"和"刚性化"特征。同时，长期依赖资源掠夺式开发所产生的社会问题、环境问题以及城市产业结构调整问题突出，对东北地区城市发展产生重大的抑制作用。然而，东北地区资源型城市地域分布具有非均衡性，总体而言集中分布于东部和西部地区，加之南部沿海港口城市依托优越的区位优势，市场发育水平较高，产业结构不断优化升级，吸引大量人流、物流、资金流、信息流以及能量流汇集于此，促进了城市的快速发展，形成了城市发展集聚区。另外，由南往北市场发育水平逐次降低，但国有企业成分却呈递增关系，城市发展活力具有逐次递减的特征，由此形成东北地区城市化空间分异特征。边境旅游地域系统处在资源型城市集中地区，城市职能相对单一，边境旅游地域系统内的产业结构优化升级相对较慢，与整个东北地区来说，其社会城市化相对较低。

表6-12 东北地区资源型城市分布状况

省份	数量	城市
辽宁	15	阜新市、抚顺市、本溪市、鞍山市、盘锦市、葫芦岛市、北票市、调兵山市、凤城市、大石桥市、宽甸满族自治县、义县、弓长岭区、南票区、杨家杖子开发区
吉林	11	松原市、吉林市、辽源市、通化市、白山市、延边州、九台市、舒兰市、敦化市、汪清县、二道江区

续表

省份	数量	城市
黑龙江	11	黑河市、大庆市、伊春市、鹤岗市、双鸭山市、七台河市、鸡西市、牡丹江市、大兴安岭地区、尚志市、五大连池市

资料来源：《全国资源型城市可持续发展规划（2013~2020）》。

（三）边境旅游地域系统中的交通网络的底端节点

交通对城市发展具有重要的空间导向作用，由于主要道路沿线具有货物运输和人员集散便捷的特性，所以交通线也是城市发展的生命线。由于历史发展和现实客观条件的双重作用，东北地区交通条件具有空间的非均匀性，中部地区交通线密集成网、东西两翼稀疏成枝，中部地区成为交通条件最为优越的地域，形成东北地区典型的"T"字形交通轴带，2012年仅"T"字形交通轴带沿线集中分布了非农人口超过100万的特大城市14个，占东北地区特大城市总数的60%以上，成为东北地区城市空间核心聚集地带。由于交通沿线人流、物流、资金流、信息流以及能量流与技术流的不断集聚，中部地区成为经济增长隆起区，在哈—大沿线形成了鞍（山）本（溪）钢铁工业中心、抚顺煤炭工业中心、沈（阳）长（春）哈（尔滨）机械工业中心城市，进一步加速了中部地区的发展。2012年东、中、西地区人均GDP、社会固定资产投资分别为36673元和318亿元、63919元和1838亿元、32745元和3.8亿元，中部地区城市发展明显高于东部和西部地区。同时，2000年以来京—哈高速、大—广高速以及哈—大高铁的相继完工和运营，进一步增强了中部地区的发展能力。另外，《振兴东北老工业基地公路水路交通发展规划（2004—2020）》明确提出，近期重点建设工程为同江—哈尔滨—长春—四平—沈阳—锦州—山海关和嘉荫—伊春—绥化—哈尔滨—吉林—梅河口—沈阳—大连（旅顺）等东北中部地区南北纵向交通线，进一步增强了大连、沈阳、长春、哈尔滨等中部核心城市的集聚和辐射功能。

（四）边境城市接受的政策少和体制的调控弱

政策和体制的调控约束作用主要体现在以下四个方面：一是大型项目分布的集中性及开发时序的阶段性。中华人民共和国成立初期56项国家大型项目分布于东北地区，其中仅中部地区就有33项，促使哈大沿线城市进一步发展壮大。"二五"时期以后随着矿产和森林资源大规模开发，一大批东西地区的矿区和林区城镇相继涌现，并快速发展，如鸡西、鹤岗、双鸭山、伊春、盘锦、大兴安岭以及七台河地区等边境旅游地区。20世纪60年代以后随着国家投资重点转向内地及沿海地区，导致东北地区资金和技术投入长期不足，东西两翼林矿等资源型城市发展每况愈下。二是开发区地域分布的差异性。开发区承担中心城区产业转移和功能扩散职能，一定程度上满足了城市发展对用地空间的需求，而东北地区开发区集中于中部地区，仅2006年审批的各类开发区中，中部地区总数占东北地区的76%以上，进一步加剧了空间分异程度。三是国家宏观规划的非均衡性。《东北地区振兴规划》指出，优先建设和发展以大连经济区、辽中经济区、长吉经济区和哈大齐工业走廊为核心的哈大经济带，同时以长兴岛、营口沿海、锦州湾、丹东和花园口"五点一线"为重点，逐步建设国内一流、特色突出、竞争力强的沿海产业集聚带。由于重点工程建设发展侧重点不同，客观上加速了东中西以及南北城市化的分异程度。四是行政管理体制的层级剥夺性。长期以来，中国实行省管市、市代县的层级行政管理体制，区域性中心城市担负区域发展"裁判员"角色，成为游戏规则的制定者和独裁者，剥夺了低级城市发展的空间。沈阳、大连、长春和哈尔滨作为东北地区重要的区域性中心城市，截流了国家和省拨付的大部分建设项目和专项资金，成为区域发展的增长极，久而久之形成了以四者为中心圈层递减的空间结构。边境旅游城市在接受中心城市的辐射相对也较少。

第四节 东北地区边境旅游地域系统的经济溢出效应分析

东北地区城市化水平与边境旅游地域系统嵌套发展，整个地区的城市化水平影响其边境旅游地域系统内各边境城市，边境旅游地域系统内与主要城市化水平较高的中心城市间的经济存在相互作用与联系。通过经济作用强度与旅游经济作用强度发现其彼此的经济联系，而经济作用联系强度与旅游经济作用联系强度选取的指标并未涉及旅游酒店设施、旅游资源等指标。这里通过溢出效应研究边境旅游地域系统内对外部的经济溢出效应，特别是区位特殊的边境旅游地域系统中的溢出如何？

一、边境城市与中心职能城市间的旅游经济溢出模型

选择对东北地区的边境旅游进行溢出分析，找出其中子系统中的空间等级结构、内部关系。利用 Mundeel-Fleming 模型以及修正版、Douven 和 Peeters 提供了四个版本的修正，其中动态 GDP 溢出模型的完整表述如下：考虑各区域、本国和国外构成的经济系统，假设将在两国间完全流动。每个国家都要有一个总需求曲线、总供给方程以及一个货币需求方程。消费者价格定义为国内价格和国外价格的加权平均，并且两个区域由利率平价联系在一起。模型的主要方程为：

$$m - p^c = \omega_0 + \omega_1 q - \omega_2 i + \omega_3 (m_{-1} - p^c_{-1}) \tag{6-1}$$

$$m^* - p^{c*} = \omega_0 + \omega_1^* q - \omega_2^* i + \omega_3^* (m^*_{-1} - p^{c*}_{-1}) \tag{6-2}$$

$$q^* = v_0^* + v_1^* (p^*/p + p - p^*) - v_2^* (i - p_{+1} + p^*) + v_3^* q + v_4^* g^* + v_5^* r_p^* + v_0^* r_c^* \tag{6-3}$$

$$q^* = v_0^* + v_1^* \lambda^* - v_2^* (i^* - p_{+1}^* + p^*) + v_3^* q + v_4^* g^* + v_5^* T^* \tag{6-4}$$

$$P - P_{-1} = \varphi_0 + \varphi_1 (P^C_{-1} - P^C_{-2}) + \varphi_2 (q_{-1} - \hat{q}_{-1}) + \varphi_3 (q_{-1} - q_{-2}) \tag{6-5}$$

$$P^* - P_{-1}^* = \varphi_0^* + \varphi_1^* (P^{C*}_{-1} - P^{C*}_{-2}) + \varphi_2^* (q_{-1}^* - \hat{q}_{-1}^*) + \varphi_3 (q_{-1}^* - q_{-2}^*) \tag{6-6}$$

$$pc = \rho_1 p + (1 - \rho_1)(-e + p^*) \tag{6-7}$$

$$pc^* = \rho_1^* p^* + (1 - \rho_1^*)(-e^* + p) \tag{6-8}$$

$$\lambda=e+p^*-p \quad (6-9)$$

$$e_{+1}=e+i-i^* \quad (6-10)$$

其中，带"*"的量代表外国或是外地区，不带"*"的量代表本国；负下标代表前一期的值，正下标代表后一期的值。内生变量包括：q 为真实的 GDP，$\hat{q}$ 为潜在的 GDP，i 为真实利率，e 为名义汇率，λ 真实汇率，p 为价格指数，pc 为消费者价格指数。外生变量包括：m 为名义货币均衡，g 为政府实际支出，T 为外在增长趋势项，v、ρ、φ、ω 均为对应的系数。

东北地区不会涉及两国间的问题，所以不用考虑式（6-1），同时在分析区域溢出行为时，利用经验数据不考虑有预期行为的式（6-5），只关注式（6-3）、式（6-4）。按经济增长理论，区域的趋势增长项为人口增长减折旧率。当折旧率是常数时，模型仅仅相差一个常数，所以反映在模型的 V_0 中，增加人口增长率一项。又由于王雷在 2001 年证明东西部协调发展与城市化不无关系，而边境旅游发展也离不开城市化，所以趋势项目中包括城市化因素。最后得到分析区域 GDP 增长溢出行为的一个简化模式为：

$$q=v_0+v_1(p^*/p+p^*-p)-v_2(i-p_{+1}+p)+v_3q^*+v_4g+v_5r_p+v_0r_c \quad (6-11)$$

$$q=v_0+v_1(p/p^*+p^*-p)-v_2(i-p_{+1}+p)+v_3q+v_4g+v_5r_p+v_6r_c+v_7r_t+v_8r_f+v_9r_r+v_{10}r_h \quad (6-12)$$

其中，r_p、r_c 分别为人口增长率和城市化率。这个简化模型用来研究国家内部区域间溢出的基础。其中式（6-11）、式（6-12）是进行区域间 GDP 的经济溢出研究，是 GDP 的经济增长溢出，而本书研究的是针对东北地区的旅游经济的增长溢出问题，这样式（6-11）、式（6-12）的变量将要进行指标的修正。在分析旅游经济差异的增长溢出时，相应的变量都要进行重新选取，内生变量与外生变量同样都发生变化。用城市旅游总体收入来表征城市 GDP，从经济角度来看，城市旅游总体收入（旅游外汇收入与国内旅游收入）最能说明城市旅游经济状况，进而分析城市旅游经济的增长水平，而对于内生变量价格指数与名义利率等反映城市物价水平与动态的变量不变。对于外生变量而言，人均 GDP、城市化水平、第三产业主导性、对外经济联系外生变量因研究旅游经济溢出对经济影响不变，增加了旅游资源丰度、旅游酒店指数的表征，其中城市化水平应用城市人口与总人口比重来表征，旅游资源丰度由城市内旅游 A 级景区当量表征，即 5A：4A：3A：2A：A=5：2.5：1.5：0.75：0.25，还包括雪场、自然保护区、森林公园、地质公园、省级风景名胜区、旅游度假区、历史文化名城、名村与名镇、文物保护单位以及国家环保模范城市、国家园林城市、国家优秀旅游城市等指标综合评定，第三产业主导性收入以第三产业所占比重表征，对外经济联系程度依然以城市进出口总额表征。形成式（6-13）、式（6-14）：

$$q=v_0+v_1(p/p^*+p^*-p)-v_2(i-p_{+1}+p)+v_3q^*+v_4g+v_5r_p+v_6r_c+v_7r_t+v_8r_f+v_9r_r+v_{10}r_h \quad (6-13)$$

$$q^*=v_0^*+v_1^*(p^*/p+p-p^*)-v_2^*(i-p^*_{+1}+p^*)+v^*_3q+v_4^*g^*+v_5^*r_p^*+v_6^*r_c^*+\\v_7^*r_t^*+v_8^*r_f^*+v_9^*r_r^*+v_{10}^*r_h^* \quad (6-14)$$

其中，q 为城市旅游总收入，p 为价格指数，i 为名义利率，g 为政府实际支出，v 为溢出系数，r_p、r_c、r_t、r_f、r_r、r_h 分别为人均 GDP、城市化水平、第三产业主导性、对外经济联系、旅游资源丰度和旅游酒店指数。酒店指数这里用城市所有星级酒店数量来表示，带"*"表示另一个城市或地区。

并利用 ArcGIS 进行空间结构网络分析空间结构关系。

二、数据来源与处理

本书所有数据均直接或间接来源于 2000~2014 年《中国城市统计年鉴》《中国统计年鉴》《辽宁省统计年鉴》《吉林省统计年鉴》《黑龙江省统计年鉴》《中国旅游城市统计年鉴》《吉林省旅游产业发展报告》及部分国民社会与经济发展统计公告内容等。在进行溢出分析时，选取经济中心职能强度较大的区域中心的 4 个城市（哈尔滨、大连、长春、沈阳）以及在边境旅游经济作用强度相对较大的 8 个边境城市，分别为白山、通化、延边、牡丹江、佳木斯、黑河、丹东、呼伦贝尔。应用 IBM SPSS Statistics22.0 对模型作回归分析，得到 12 个城市间旅游经济的溢出关系。通过对边境地域系统代表的八个城市与四个区域中心城市间的两两城市数据的回归，共计得出 12 组 132 个回归方程，下面分别以丹东与其他 11 个城市之间的回归为例，经计算可得由 22 个方程组成的回归方程组，各方程的溢出系数如表 6-13 所示。同理，对另外 11 城市彼此之间的回归计算。由于表格众多，每个省份选择一个边境城市进行分析。

三、溢出分析

（一）边境城市与区域中心城市间的旅游经济溢出分析

这里的回归方程中的回归系数即为溢出系数，反映边境旅游地域系统与东北地区城市间的旅游经济溢出效应。为了能更好地将边境旅游地域系统中的边境城市与东北地区城市间的旅游经济的相互溢出作用清楚表达，现将选择边境城市中城市职能较强的城市间旅游经济收入（q）的溢出系数列于表6-13中。各回归方程的相关系数 R_2 都在0.991~0.999，模型的拟合程度很好。在回归分析中的数据为2000~2013年的数据，有14个样本，要素变量10个，自由度f=4，取其显著性水平（A=0.025~0.05），对各变量进行T检验，82%的城市间旅游经济收入溢出系数的T检验绝对值都在 $T_{(0.75)}$=0.7以上，其中近66.6%的T检验的绝对值大于显著性水平为0.9的阈值1.372。比较城市间的旅游经济增长的溢出系数（见表6-14）揭示出：

1. 边境城市与中心城市之间旅游经济的关联性强

作为波动区的城市接受的总溢出效应，亦即其他城市对该城市的总溢出与其旅游发展水平基本相当，接受溢出得越多，说明城市发展规模越大，溢出系数为正数，说明是接受旅游经济的溢出，而溢出系数为负数，则表示只对其他城市进行溢出。这种情况有两种可能：一种是城市规模较大，对空间距离较远的城市的溢出，另一种情况则是城市规模较小，产业结构单一，多为资源型城市。从波动区来看，各城市经济溢出从大到小分别是长春（25.539）、哈尔滨（15.187）、呼伦贝尔（7.918）、丹东（3.782）、延边（3.524）、大连（3.374）、牡丹江（1.84）、通化（0.876）、白山（0.341）、佳木斯（-0.611）、沈阳（-9.602）、黑河（-34.536），长春、哈尔滨处在边境旅游系统的中心位置，对接受整个系统的溢出相对较大，佳木斯、沈阳、黑河溢出值为负数，从总体上来说并未接受到边境城市与中心城市的经济溢出，但不排除接受部分城市的经济溢出。

2. 从主动区上看，通化总溢出最强

从主动区上看，各城市的总溢出效应多为正数，对每个城市的溢出数值通化的总溢出最大，在边境旅游地域系统中凸显边境旅游地域系统中的增长极地位。其旅游业的发展对整个边境城市有明显关联带动作用。主动区反映城市旅游经济发展的自主程度，不同边境城市受到通化的影响带动存在明显差异。形成三个等级层次：长春、沈阳、哈尔滨、呼伦贝尔总溢出均大于4，牡丹江、丹东、延边地区总溢出为2~4，其他城市总溢出则小于2，研究发现，通化与长春、沈阳、哈尔滨城市地域邻近、旅游配套服务完善、旅游产品互补性强。具有良好旅游资源优势的牡丹江、丹东、延边地区，可能因资金投入不足、旅游产品开发力度不大、旅游服务设施不完备、交通距离较远等因素，使得资源优势未能充分转换成旅游产业优势。针对佳木斯、黑河、牡丹江等地区而言，其旅游资源自身吸引力较差，没有形成一定的知名度，旅游产品组合度差、城市发展水平低、市场开拓能力欠缺，资金投入少，从而无法大规模承接客源，吸引各城市的旅游客源力偏弱。如图6-3所示，丹东对不同城市的旅游经济带动程度相对较大，对哈尔滨、长春、沈阳、大连的旅游经济溢出总体上为正数，其中呼伦贝尔、黑河、佳木斯为负数。佳木斯总溢出最小，主要原因是对区域中心城市溢出为负数，而黑河对总体个城市间的溢出为负数。

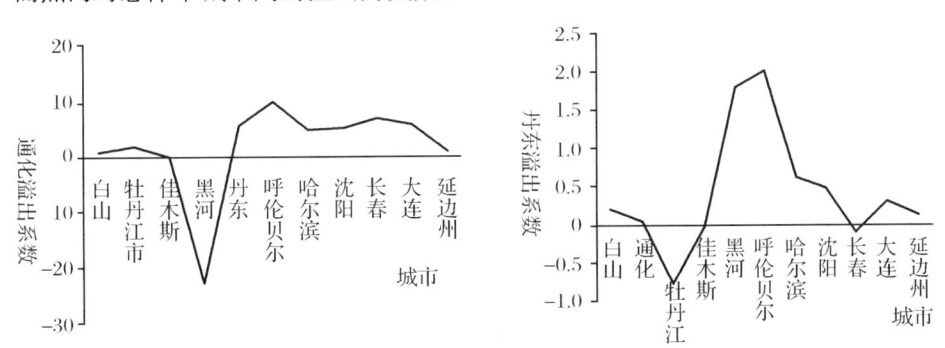

图6-3 边境地域系统各省城市与中心城市间的旅游经济溢出

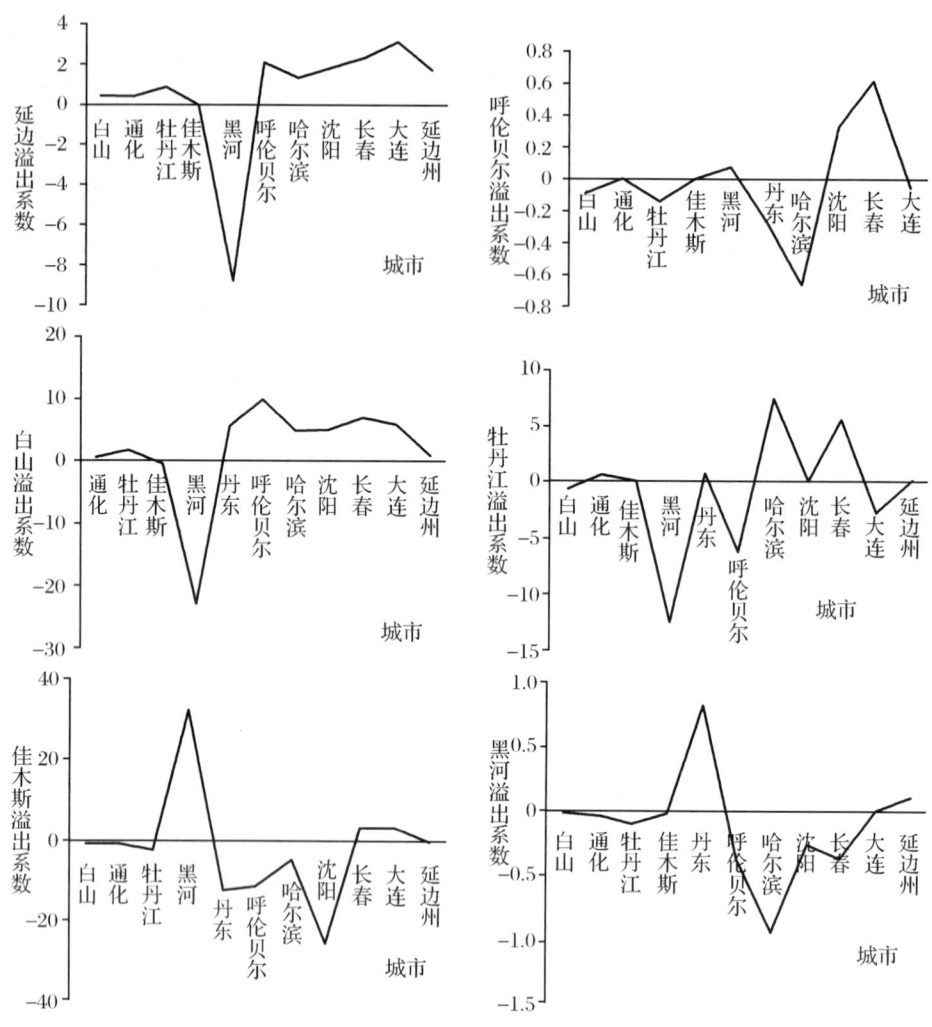

图 6-3 边境地域系统各省城市与中心城市间的旅游经济溢出（续）

3. 黑河、佳木斯的总溢出最小，体现关联较弱

由表 5-22、表 5-23、图 6-4 可以看出，黑河、佳木斯总溢出系数为负值，城际旅游经济关联作用弱，处于溢出谷位置，可能的影响因素有城市旅游经济规模较低，产业发展水平不高，旅游接待服务能力不强，旅游资源吸引力不强；旅游产品组合单一，旅游产品开发缺乏特色，与各城市间多以竞争为主、合作少；城市客源市场规模小、流动弱，客源输出规模小。黑河只

对丹东的溢出为正数，对其他城市均为负数。说明黑河旅游经济自主程度较低，外向依赖性强，为外生发展型城市，同时也说明丹东对黑河存在较密切的旅游作用，可能是线路的组合或是一种附属政治联系的旅游关联。

4. 各自城市间特色不明显，合作少而竞争多

通过观察各城市的溢出系数发现两城市间的旅游经济联系，发现波动区城市与其邻近城市的旅游相互影响的溢出系数为负值较多，特别是对黑龙江省内的边境旅游城市间。相邻边境城市的旅游资源基本相似性也较高，与俄罗斯间界河旅游、湖泊、东北风俗、冰雪旅游、冰雪乡村等旅游产品内容与形式雷同，形成城际明显的相互竞争关系。

东北地区中心城市哈尔滨、长春、大连、沈阳对边境城市的总溢出都不大，而接受边境城市的溢出比较高。这说明边境城市要进行旅游经济的发展，更多的是发挥特色旅游业，带动当地的经济增长，边境城市地区与中心城市之间产业链条无法形成，且经济发展动力不足够。旅游业是目前进行全面发展的机遇。

5. 自身旅游经济发展驱动力大于旅游经济溢出作用力、空间收敛效应不明显

从各城市空间溢出中可以看出，丹东（主动区）—黑河（1.7840）大于丹东（主动区）—通化（0.049）、通化（主动区）—哈尔滨（3.725）大于通化（主动区）—白山（0.869）、延边（主动区）—白山（0.358）大于延边（主动区）—长春（3.071），这说明在边境旅游经济中并未出现距离衰减效应，却是随着城际空间距离增大，其作用的溢出系数逐渐为正值，并且越来越大，表明空间对城际旅游经济溢出作用（阻力）小于自身旅游经济水平（驱动力），进而导致局部城际旅游GDP溢出空间收敛效应不明显。总体上很强，且对边境城市的带动作用增强。

表 6-13（a） 丹东市对边境地域系统内城市及区域中心城市的区域溢出系数

		V_0	V_1	V_2	V_3	V_4	V_5	V_6	V_7	V_8	V_9	V_{10}
丹东—白山	q丹	258.162	-2.116	-1.238	5.698	-0.304	83.036	-277.466	9.106	-2.358	-30.795	-32.12
	q白	-23.799	0.462	-0.537	0.209	-0.006	-5.271	15.303	21.522	1.341	5.153	-0.532
丹东—通化	q丹	172.622	-2.781	0.006	2.86	-0.215	109.812	-138.605	27.822	-2.861	-20.741	-38.25
	q通	-223.726	0.274	-0.302	0.049	0.398	-15.467	450.616	56.335	2.878	1.829	-3.254
丹东—牡丹江	q丹	-68.357	-8.871	6.652	0.757	-0.171	162.352	188.613	69.283	-2.019	-2.801	-38.764
	q牡	-203.471	-2.119	-0.125	-0.771	0.366	84.629	72.594	200.452	-0.465	-2.972	10.958
丹东—佳木斯	q丹	-145.264	-9.927	6.817	-12.779	-0.26	202.084	147.481	78.78	-0.67	-3.79	-7.436
	q佳	-4.233	-0.056	-0.135	-0.033	0.016	4.85	-3.296	8.268	0.075	3.1	1.405
丹东—黑河	q丹	-139.429	-6.943	2.956	0.823	0.389	121.813	249.861	82.039	-1.531	17.087	-28.379
	q黑	-704.674	-17.451	5.667	1.784	-6.896	93.531	621.09	762.868	-4.677	-73.761	5.329
丹东—呼伦贝尔	q丹	237.946	-6.161	2.71	-0.254	-0.198	207.803	-88.025	66.561	-6.449	-29.591	-65.262
	q呼	-507.194	-10.225	-0.218	2.014	1.152	-189.057	13.045	185.728	-0.318	13.371	142.645
丹东—哈尔滨	q丹	248.524	-2.383	3.447	0.724	-0.266	76.303	-97.428	20.356	-4.612	-22.247	-57.933
	q哈	351.414	3.782	0.176	0.618	0.02	3.136	-961.842	-63.632	5.309	6.844	11.193
丹东—沈阳	q丹	769.245	17.785	-3.324	1.672	-0.933	5.516	-516.958	28.322	-11.535	-59.419	-145.651
	q沈	87.258	17.344	1.781	0.48	0.415	38.778	-456.946	249.938	2.556	-28.52	3.379
丹东—长春	q丹	262.999	-2.714	2.168	0.604	-0.329	102.6	-132.43	27.804	-5.144	-27.797	-54.919
	q长	126.155	5.49	-1.764	-0.079	0.707	34.147	-16.167	-404.688	0.634	3.034	-0.403
丹东—大连	q丹	262.61	-7.196	3.522	1.624	-0.113	-178.93	-144.269	12.304	-1.776	-44.203	-27.51
	q大	-72.746	6.516	-0.984	0.297	0.299	40.569	-159.921	74.11	0.112	-1.891	4.536
丹东—延边	q丹	260.43	-1.655	-0.456	2.053	-0.323	107.615	-210.755	28.353	-4.23	-24.991	-49.204
	q延	62.514	-0.265	-0.289	0.114	0.568	-7.662	-132.637	47.965	0.764	-1.291	0.032

表 6-13（b） 呼伦贝尔市对边境地域系统内城市及区域中心城市的区域溢出系数

		V_0	V_1	V_2	V_3	V_4	V_5	V_6	V_7	V_8	V_9	V_{10}
呼伦贝尔—白山	q呼	58.882	11.29	-8.716	9.851	0.871	-146.21	-1189.48	131.191	-0.263	21.535	194.143
	q白	-15.683	0.278	0.159	-0.088	-0.008	14.109	-34.526	113.426	2.341	-2.621	-0.383
呼伦贝尔—通化	q呼	1381.729	32.171	-5.814	14.888	1.686	-270.681	-3205.91	218.57	-0.175	9.371	206.404
	q通	-91.752	-1.14	-0.332	0.003	0.62	-15.969	210.217	14.481	0.964	3.222	-5.382
呼伦贝尔—牡丹江	q呼	-52.129	-0.125	-2.374	-6.093	0.352	71.391	-81.177	-107.229	-0.205	6.55	67.029
	q牡	-83.075	0.475	-0.674	-0.149	1.026	-19.703	21.718	32.246	0.054	-3.072	17.649
呼伦贝尔—佳木斯	q呼	-312.552	-0.69	-3.286	-11.14	0.94	-26.235	-169.291	81.548	-0.024	21.817	117.329
	q佳	0.63	0.228	-0.137	0	-0.002	3.97	-3.648	-2.042	0.121	1.818	1.752
呼伦贝尔—黑河	q呼	198.146	3.53	-5.662	-0.372	-0.078	-2.25	-1041.87	47.625	-0.056	18.25	129.372
	q黑	-880.65	-10.686	3.488	0.077	-8.864	464.822	784.867	704.255	-2.666	110.236	-42.952
呼伦贝尔—丹东	q呼	-507.194	-10.225	-0.218	2.014	1.152	-189.057	13.045	185.728	-0.318	13.371	142.645
	q丹	237.946	-6.161	2.71	-0.254	-0.198	207.803	-88.025	66.561	-6.449	-29.591	-65.262
呼伦贝尔—哈尔滨	q呼	-284.749	-0.475	0.596	-1.516	0.479	160.382	227.64	-13.045	-0.21	0.813	48.183
	q哈	375.431	-9.616	1.399	-0.659	-0.235	244.737	-1192.85	322.046	-1.406	-1.658	-18.939
呼伦贝尔—沈阳	q呼	-196.011	-4.504	-2.16	-0.02	0.165	15.841	-364.972	110.384	-0.239	7.536	113.374
	q沈	-104.306	-1.326	-0.799	0.336	0.905	5.464	-139.912	365.613	1.932	-28.235	2.686
呼伦贝尔—长春	q呼	-225.978	4.713	-5.471	-0.056	0.167	-0.634	-401.98	113.045	-0.213	23.294	119.672
	q长	-934.646	1.873	0.236	0.624	0.235	51.524	1468.929	494.223	-0.028	37.22	-3.602
呼伦贝尔—大连	q呼	-757.431	-2.25	2.965	-1.002	2.001	32.317	816.318	27.1	-0.176	20.037	72.756
	q大	-41.95	-5.335	3.552	-0.047	0.376	30.151	-45.178	28.632	0.229	6.958	0.975
呼伦贝尔—延边	q呼	-29.035	7.195	-9.158	1.364	-0.374	-13.716	-817.144	100.483	-0.208	21.404	145.754
	q延	66.502	-0.235	-0.352	-0.096	0.76	-2.525	-129.472	18.278	0.947	-1.261	0.163

东北地区边境旅游地域系统的溢出效应 第六章 | 137

表6-13（c） 牡丹江对边境地域系统内城市及区域中心城市的区域溢出系数

		V_0	V_1	V_2	V_3	V_4	V_5	V_6	V_7	V_8	V_9	V_{10}
牡丹江—白山	q牡	15.976	-0.536	0.786	1.764	-0.057	-11.471	-12.185	47.308	0.076	0.914	-2.248
	q白	-406.607	-1.177	0.513	-0.472	0.021	23.45	627.756	-32.952	-7.3	1.119	-1.913
牡丹江—通化	q牡	5.77	-0.702	0.539	1.83	-0.044	-20.55	-2.677	39.025	0.099	2.154	0.483
	q通	-93.95	0.031	-0.124	0.611	0.181	-0.913	99.102	109.339	0.076	-1.398	-1.602
牡丹江—佳木斯	q牡	-56.022	0.000	-0.404	-2.315	0.244	14.209	5.857	62.062	0.092	1.303	6.966
	q佳	3.877	0.001	-0.088	0.104	-0.012	-1.067	-4.317	-0.511	0.222	1.198	0.377
牡丹江—黑河	q黑	-18.436	1.397	0.334	-0.094	0.202	14.064	3.605	17.84	0.035	-7.432	3.057
	q牡	-143.582	3.451	2.783	-12.33	0.632	674.146	2.068	86.854	-3.756	-58.472	-3.693
牡丹江—丹东	q牡	-203.471	-2.119	-0.125	-0.771	0.366	84.629	72.594	200.452	-0.465	-2.972	10.958
	q丹	-68.357	-8.871	6.652	0.757	-0.171	162.352	188.613	69.283	-2.019	-2.801	-38.764
牡丹江—呼伦贝尔	q牡	-83.075	0.475	-0.674	-0.149	1.026	-19.703	21.718	32.246	0.054	-3.072	17.649
	q呼	-52.129	-0.125	-2.374	-6.093	0.352	71.391	-81.177	-107.229	-0.205	6.55	67.029
牡丹江—哈尔滨	q哈	100.888	-1.695	0.974	0.236	-0.226	-24.185	-35.304	-11.455	0.077	0.43	-12.331
	q哈	1521.576	-2.75	2.006	7.468	-0.051	55.954	-3111.67	-233.335	-0.903	5.708	-5.743
牡丹江—沈阳	q牡	28.225	0.871	0.458	0.11	-0.038	1.782	-9.117	-26.007	0.055	-2.76	-1.759
	q沈	-546.289	-5.362	-1.745	0.193	0.573	34.896	458.5	329.255	1.666	-3.539	2.714
牡丹江—长春	q牡	15.763	-0.539	0.29	0.131	-0.044	-4.441	-2.557	15.538	0.042	-0.111	-1.724
	q长	299.581	0.303	0.774	5.677	0.57	-14.334	-577.686	-246.263	0.341	-4.311	0.801
牡丹江—大连	q牡	36.123	-0.7	0.592	0.19	-0.667	10.537	-2.198	51.198	-0.17	-0.489	-13.116
	q大	-117.285	-2.144	1.431	-2.626	0.512	68.257	-21.156	90.097	-0.117	-8.694	4.226
牡丹江—延边	q牡	-72.065	1.673	-0.396	0.908	0.226	-11.465	28.061	77.108	0.029	-4.794	7.837
	q延	110.571	-0.228	-0.381	-0.058	0.887	-10.848	-215.198	50.374	0.798	-3.087	0.091

表6-13（d） 通化市对边境地域系统内城市及区域中心城市的区域溢出系数

		V_0	V_1	V_2	V_3	V_4	V_5	V_6	V_7	V_8	V_9	V_{10}
通化—牡丹江	q白	-16.838	0.038	0.016	0.869	0.002	-1.369	-3.123	53.082	1.082	0.606	0.407
	q通	-93.95	0.031	-0.124	0.611	0.181	-0.913	99.102	109.339	0.076	-1.398	-1.602
	q牡	5.77	-0.702	0.539	1.83	-0.044	-20.55	-2.677	39.025	0.099	2.154	0.483
通化—佳木斯	q通	-133.299	-0.251	-0.044	-1.134	0.608	-12.297	273.092	36.496	2.617	1.08	-3.315
	q佳	-10.302	-0.211	-0.119	-0.342	-0.012	11.505	1.751	12.097	0.085	1.653	-0.703
通化—黑河	q通	124.239	-1.418	0.04	-0.034	0.87	-3.825	-269.47	0.679	0.789	-2.244	-3.644
	q黑	-541.702	-3.677	-4.902	-17.251	-0.672	466.233	433.723	133.543	-0.918	252.098	14.152
通化—丹东	q通	-223.726	0.274	-0.302	0.049	0.398	-15.467	450.616	56.335	2.878	1.829	-3.254
	q丹	172.622	-2.781	0.006	2.86	-0.215	109.812	-138.605	27.822	-2.861	-20.741	-38.25
通化—呼伦贝尔	q通	-91.752	-1.14	-0.332	0.003	0.62	-15.969	210.217	14.481	0.964	3.222	-5.382
	q呼	1381.729	32.171	-5.814	14.888	1.686	-270.681	-3205.91	218.57	-0.175	9.371	206.404
通化—哈尔滨	q通	-58.471	-0.632	-0.059	0.051	0.44	-9.829	104.668	41.689	0.66	-1.404	-3.842
	q哈	227.847	-1.115	2.539	3.725	-0.021	52.688	-682.97	39.07	2.333	2.345	3.673
通化—沈阳	q通	-75.707	-0.3	-0.065	0.039	0.674	-23.718	157.734	29.071	0.928	0.907	-4.282
	q沈	-296.866	-0.86	3.263	5.438	-0.006	37.449	-61.087	589.62	1.591	10.011	0.024
通化—长春	q通	-77.381	-0.319	-0.042	0.056	0.385	-9.505	123.618	65.682	0.882	-0.963	-2.855
	q长	-308.636	4.176	1.174	5.426	-0.236	42.359	416.043	239.613	0.159	13.649	-1.412
通化—大连	q通	-122.692	-0.185	-0.157	0.061	0.384	-14.485	219.056	69.43	0.318	0.817	-3.885
	q大	-141.195	-3.978	5.869	-5.363	0.837	39.766	65.334	22.373	-0.025	-0.322	3.314
通化—延边	q通	-4.314	0.008	-0.044	0.415	0.127	-3.916	2.016	10.122	0.126	-0.39	-0.59
	q延	7.7	-0.087	-0.091	2.201	—	-0.409	-33.384	45.133	0.096	-0.345	-0.084

东北地区边境旅游地域系统的溢出效应 第六章 | 139

表6-14 边境地域系统内城市及区域中心城市的经济溢出系数

主动区\波动区	白山	通化	牡丹江	佳木斯	黑河	丹东	呼伦贝尔	哈尔滨	沈阳	长春	大连	延边
白山	—	0.869 (7.495)	-0.472 (-0.0642)	-0.646 (-0.0095)	-0.005 (-0.032)	0.209 (6.362)	-0.088 (-1.625)	-0.016 (-0.0184)	-0.059 (-0.0563)	0.262 (5.581)	-0.071 (-1.162)	0.358 (18.56)
通化	0.759 (2.997)	—	0.611 (2.275)	-1.134 (-1.39)	-0.034 (-6.499)	0.049 (0.41)	0.003 (0.164)	0.051 (1.727)	0.039 (2.602)	0.056 (1.836)	0.061 (6.471)	0.415 (11.748)
牡丹江	1.764 (2.21)	1.83 (2.596)	—	-2.315 (1.014)	-0.094 (-2.509)	-0.771 (-3.096)	-0.149 (-1.478)	0.236 (3.449)	0.11 (6.031)	0.131 (6.058)	0.19 (2.555)	0.908 (4.17)
佳木斯	-0.234 (-1.558)	-0.342 (-1.803)	0.104 (-0.0467)	—	-0.022 (-0.774)	-0.033 (-1.39)	0 (0.101)	-0.02 (-0.432)	0.02 (1.574)	0.002 (0.083)	0.018 (1.196)	-0.104 (-1.296)
黑河	-22.815 (-8.984)	-17.251 (-23.688)	-12.33 (-2.74)	31.994 (2.466)	—	1.784 (1.328)	0.077 (0.076)	-3.876 (-2.069)	-0.919 (-1.377)	-1.766 (-4.751)	-0.614 (-0.611)	-8.82 (-10.54)
丹东	5.698 (3.709)	2.86 (3.35)	0.757 (0.079)	-12.779 (-1.578)	0.823 (1.241)	—	-0.254 (-1.768)	0.724 (3.779)	1.672 (2.355)	0.604 (2.989)	1.624 (2.5)	2.053 (3.033)
呼伦贝尔	9.851 (1.113)	14.888 (1.302)	-6.093 (-1.386)	-11.14 (-1.047)	-0.372 (-0.526)	2.014 (1.777)	—	-1.516 (-1.05)	-0.02 (-0.04)	-0.056 (-0.054)	-1.002 (-1.936)	1.364 (0.403)
哈尔滨	4.781 (5.416)	3.725 (3.458)	7.468 (3.232)	-4.933 (-.0468)	-0.95 (-1.493)	0.618 (2.446)	-0.659 (-9.649)	—	1.211 (2.707)	0.795 (3.188)	1.24 (6.279)	1.891 (4.3)
沈阳	5.06 (0.513)	5.438 (1.415)	0.193 (0.031)	-25.585 (-2.904)	-0.252 (-0.869)	0.48 (1.656)	0.336 (4.844)	1.658 (2.257)	—	0.771 (2.109)	0.03 (0.025)	2.269 (1.332)
长春	6.855 (0.994)	5.426 (1.746)	5.677 (5.073)	3.269 (0.545)	-0.378 (-3.894)	-0.079 (-0.13)	0.624 (1.978)	0.875 (1.607)	0.305 (2.376)	—	-0.106 (-0.25)	3.071 (2.405)
大连	5.82 (0.949)	-5.363 (-1.015)	-2.626 (-1.352)	2.925 (0.761)	0.001 (0.007)	0.297 (0.827)	-0.047 (-0.422)	1.138 (1.561)	-0.034 (-0.102)	-0.507 (-1.63)	—	1.77 (6.627)
延边	1.101 (1.23)	2.201 (23.712)	-0.058 (-0.187)	-0.054 (-0.056)	0.102 (2.903)	0.114 (4.041)	-0.096 (-2.568)	0.128 (4.809)	0.012 (0.184)	0.089 (1.77)	-0.015 (-0.525)	—

（二）各城市间的溢出机制

通过对132个方程的回归分析，得出各城际旅游GDP增长的回归分析（见表6-13），由于表格太大，这里只列出四个城市的系数表。其中，各自变量的回归系数则为溢出系数，其值越大，则对旅游经济发展的影响作用越明显。

1. 旅游资源赋存与旅游接待能力对旅游经济的影响明显

从表6-13以及没有列表的回归分析各城市间回归方程的溢出系数可以发现，旅游丰度V_9和旅游酒店指数V_{10}的系数大多为正数，系数值较大，说明旅游资源吸引力、旅游接待能力对边境城市以及中心区域城市的旅游收入有积极的影响，从各表中的数据也看出了长春、哈尔滨、沈阳的旅游接待能力相对完备；丹东、通化、白山等边境城市的旅游吸引力不强，接待能力不足，说明这些城市的酒店设施条件和旅游资源挖掘不够，成为旅游经济深层次发展的"瓶颈"，比如基础旅游硬件投入明显不足，旅游软件与先进地区相比差距明显，旅游六要素"食、住、行、游、购、娱"配套不够完善，特别是城市与城市的旅游景区（点）之间道路路网稀，城市旅游公共设施建设滞后，景区环保设施和标识系统不完善。边境旅游地域系统中各城市间要合作，就要进行旅游交通的路网建设、增强路网密度，建立健全旅游公共服务设施、加强旅游宣传力度、健全旅游规范与景区管理制度，提升旅游接待能力、开发多形式、多内容的旅游吸引物。

2. 价格指数、名义利率对边境旅游城市的溢出不明显

无论是边境城市间还是边境城市与中心城市间的指数与价格指数差之和的溢出大多数为负值，而且系数不大，其中对中心城市的名义利率、价格指数影响明显，而中心城市对边境城市的影响相对较大。这说明中心城市的价格指数对边境城市的旅游经济有一定影响，而城市的价格指数对中心城市的旅游经济影响很小。溢出系数多为负数，说明价格差会产生城市间旅游经济的竞争，且与中心城市的竞争更为激烈，与边境城市间的竞争也不能忽略，丹东对沈阳的价格指数总和为正，通化对沈阳的价格指数总和为负，有正有负说明价格影响相当复杂，还有待进一步分析。

3. 中心城市旅游多呈政府主导型，边境城市旅游受重视程度不足

在各城市的政府财政支出中发现，中心城市（哈尔滨、长春、沈阳、大连）的系数多为正数，而边境城市的政府财政支出多为负数，这说明中心城市的政府投入对其旅游经济的影响很大，旅游发展呈现城市主导型，而边境城市的政府财政投入对其旅游经济的影响较小，说明边境城市政府对旅游的重视程度不够，需要进一步加强发展旅游的战略意识。

4. 城市化率对旅游经济溢出影响多为负值

在不同城市的影响下，城市化率的溢出系数多为负值，数值较大，这说明东北地区以及东北边境地区的城市化率的提高并没有对旅游经济产生积极的影响，其深层次的原因可能是由于城市间生活水平的提高，城乡差距变小，降低了城市间特色的凸显，城市间旅游资源同质性增强，限制了旅游经济的发展，但对于城市化水平特别低的城市，城市化率提升也会促进旅游经济的发展。

5. 第三产业主导性对旅游经济的影响明显

在系数表中发现，第三产业发展（V_7）对旅游经济的溢出作用比较明显，表现出城市旅游经济的发展与第三产业主导性关联较大。第三产业的发展水平直接影响城市旅游业的发展。提升各城市间的产业转型，增强第三产业的主导性对边境城市旅游发展则更为重要。中心城市的旅游发展多为内生发展型，而边境城市的旅游经济发展多为外生发展型。

第七章
东北地区边境旅游系统的发展与对策建议

第一节 边境旅游发展政策与合作模式

一、东北地区边境旅游政策现状

地缘区合作依托地缘的区位优势,并通过国家的政策体系来促进地缘区合作。旅游跨境、跨区域合作最突出的特点是由政府高层主导,自上而下地开展边境地区的旅游合作。东北地区边境旅游毗邻国家有俄罗斯、蒙古国、朝鲜。三个国家经济基础不同、生活方式、国家体制特点各不相同,对各毗邻国家的旅游政策也各异。

(一)对俄罗斯边境旅游政策

中国与俄罗斯边境地区是开展边境旅游最早的地区之一,1989~2013年,国家相继出台了十多项对边境旅游的政策如表7-1所示。国家陆续从边境旅游活动范围、旅游活动主体、旅游金融、旅游宣传、旅游跨境合作等方面给出政策支持。

表 7-1 中国对俄罗斯边境旅游政策一览

年份	政策名称	具体内容	颁发部门
1989	《关于中苏边境地区开展自费旅游业务的暂行管理办法》	规定边境旅游活动范围、明确自费旅游业务范围、审批权限、申报程序、结算方法	国家旅游局
1992	《中俄边境旅游暂行管理办法》	同上	同上
	《关于扩大边境旅游，促进边疆繁荣的意见》	同上	黑龙江省旅游局
	《绥芬河—符拉迪沃斯托克"三日游"管理暂行办法》	同上	同上
	《内蒙古自治区关于加强边境旅游管理的通知》	同上	内蒙古旅游局、公安厅
	《吉林省边境旅游管理暂行办法》	同上	吉林省旅游局
1998	《中俄边境旅游暂行管理办法》	对边境旅游提出实施细则	国家旅游局、外交部、海关总署、公安部
2002	《中国人民银行与俄罗斯中央银行关于边境地区贸易银行结算协定》	人民币、卢布为边境地区合法的流通货币，兑换方面也在做进一步尝试	中国、俄罗斯两国中央银行
2005	《互免团体旅游签证的协定》	我国旅游者团体到俄罗斯可通过互免团体签证渠道进行	中国、俄罗斯
2010	《中华人民共和国和俄罗斯联邦关于全面深化战略协作伙伴关系的联合声明》	双方互办旅游年、两国制定具体活动清单、旅游推介	中国、俄罗斯
2013	《建成中俄边境线上首家旅游自驾车营地》	接待来自俄罗斯、中国各地的自驾旅游者	中国、俄罗斯

（二）对朝鲜边境旅游政策

中国与朝鲜边境旅游开始于 1987 年，至今已有 30 多年的时间。边境旅游与边境贸易受到朝鲜政策与中国政策的影响，波动性很大，口岸经常处于关闭或是半关闭状态。近年来，朝鲜与中国边境旅游快速发展，已建立了边境合作区、边境自贸区。30多年来，中国对朝鲜边境旅游也陆续制定了一系列政策，如表 7-2 所示。1990~1997 年，行政管理的弱化和市场的开放，边境旅游开始无序竞争，边境旅游一度开始关闭，1998 年后，两国政府开始统一管理边境旅游发展事务。

表 7-2　中国对朝鲜边境旅游政策一览

年份	政策名称	具体内容	颁发部门
1987	《关于拟同意辽宁省试办丹东至新义州自费旅游事宜》	出游者的对象、活动范围有严格限制、结算办法、出入境手续规定	国家旅游局、对外经贸部
1990	开通边境旅游三日游	旅游地延伸到妙香山、平壤	中国、朝鲜
1991	《辽宁省中朝边境自费旅游业务暂行管理办法》	对省境内居民自费到朝鲜平安北道的旅游业务进行规定	辽宁省旅游局
1991	吉林省珲春市与朝鲜稳城、赛别尔郡开展中朝边境一日游	明确中朝边境自费一日游的性质、限定自费旅游总规模、全年不超边 3000 人	国家旅游局
1991	吉林省集安市与朝鲜满浦市开展中朝边境三日游	明确边境旅游结算方式，采用双方对等互惠的方式、不动用货币的记账贸易方式	同上
1998	《关于辽宁省丹东市对朝旅游有关问题处理意见的通知》	取消原来旅游人数限制、时间为 6 日游	国家旅游局、公安部
2001	成立辽宁省丹东边境旅游管理办公室	对边境旅游统一管理	辽宁省旅游局
2004	对朝旅游业务的旅行社增加	由原来 1 家中国国际旅行社变为 5 家	国家旅游局
2010	《中华人民共和国政府和朝鲜民主主义人民共和国政府关于共同建议、管理和维护鸭绿江界河公路大桥的协定》	开通旅游通道建设	外交部、朝鲜外务省
2013	《2013 年吉林省旅游产业壮大工作安排意见》	扩大中朝边境自驾旅游、中俄朝环线游、图们到朝鲜七宝山专列游、跨区旅游合作	吉林省旅游局

（三）对蒙古国边境旅游政策

中国与蒙古国的边境旅游发展开始于1991年。蒙古国旅游资源主要以草原、沙漠、戈壁、丘陵、河流的自然景观为主，旅游基础设施相对薄弱，全国到2010年拥有320家宾馆，能够接待国外旅游者的仅为60家，国际星级酒店有4家。中国对蒙古国边境旅游也相继出台了一系列政策，促进了中蒙边境旅游合作与发展，如表7-3所示。

表7-3　中国对蒙古国边境旅游政策一览

年份	政策名称	具体内容	颁发部门
1991	内蒙古自治区二连浩特与蒙古人民共和国扎门乌德市开展中蒙边境对等交换一日游	内蒙古自治区二连浩特与蒙古人民共和国扎门乌德市开展中蒙边境对等交换一日游	国家旅游局
1992	《中蒙多日游暂行管理办法》	规定活动主体、限制因素、结算办法等	内蒙古自治区外事办公室、旅游局、公安厅
2005	《关于中国旅游团队赴蒙古国旅游实施方案的谅解备忘录》	中国与蒙古国旅游合作进入新阶段	中国、蒙古国
2005	建立边境旅游协调会议制度	约定双方召开年度会议、开辟新边境旅游线路、扩大双边旅游合作	内蒙古自治区旅游局、蒙古国自然环保旅游部
2006	蒙古国成为中国旅游目的地国	同上	中国、蒙古国
2012	恢复使用《中华人民共和国出入境通行证》	中蒙边境旅游持证件可直接进入蒙古国	中国、蒙古国

二、东北地区边境旅游跨境合作现状

2010年正式提出跨境旅游合作区，但跨境旅游发展的时间较长，跨境旅游一直是地缘经济合作区的先导产业，旅游业关联性强，能够带动资金流、物质流、信息流、基础设施建设、交通通道发展等，跨境经济合作区衍生出跨境旅游合作区，旅游系统又是一个动态性强的系统，对各部门的协作要求相对较高，旅游业相对于生产、投资、贸易等领域具有投资小、转向快、操作灵活的特点，因此，跨境旅游合作区成为跨境经济合作区发展的先导和试验田。传统地缘经济合作区对边境旅游的旅游活动范围、组织主体和参与主体、出入境时间、旅游路线都有明确规定，旅游活动中不确定因素相对较少，易于旅游主管部门掌控，可将跨境旅游可能造成的消极影响降到最低。但是传统模式不利于形成跨境旅游吸引力，难以在边境地区形成旅游产业的规模效应和集聚效应，跨境旅游对当地经济的拉动作用有限，跨境旅游合作区是中国和周边邻国在区域经济一体化框架下在旅游领域的积极尝试。目前，东北地区跨境旅游合作区已经在政府层面建立并开始实施，是一种边境旅游区域创新管理模式，如表7-4所示。各跨境旅游合作区相对规模较小，多是以边境城市为中心建立的跨境合作区，在边境旅游系统下，旅游各部门各区域的行政线路依然会受到政策、行政的制约，建立高一层次的跨境旅游合作区成为边境旅游系统发展的必要条件，建立图们江地区跨境旅游合作模式成为东北地区边境旅游发展的充要条件。

表7-4 东北地区边境跨境旅游合作区

跨境合作区	跨境国家	建设状态
丹东—新义州	朝鲜	已经建设
珲春—哈桑—罗先	朝鲜	已经建设
绥芬河—洛波格拉尼期内	俄罗斯	提出建设
罗北—阿穆尔捷特	俄罗斯	已经建设
抚远—哈巴罗夫斯克	俄罗斯	已经建设
黑河—布拉戈维申斯克	俄罗斯	已经建设
室韦—涅尔琴斯克扎沃德	俄罗斯	提出建设
额尔古纳—普里阿尔贡斯克	俄罗斯	提出建设
满洲里—后贝加尔	俄罗斯	提出建设
阿尔山—松贝尔	蒙古国	提出建设

三、国外边境跨境合作模式

跨境旅游合作区是地缘经济合作区的延伸，是边境旅游发展一种新模式，这种模式使边境旅游结束散乱"无序状态"向"有序状态"发展。跨境旅游合作区使边境旅游所涉及新的措施和特殊政策都能通过两国政府的协商和批准，在这一区域内部由地方政府和旅游主管部门共同实施。跨境旅游合作区的潜在价值表征在可以修复边境地区国家间的利益矛盾、增进国家间的经贸往来。但同时也存在安全、毒品走私案、环境保护等方面的问题。各国在边境跨境合作模式上都进行探索，跨境合作模式中均涉及旅游产业的发展。跨境旅游合作区最初来源于经济区的合作，以欧美的发展比较典型，北美的边境合作区主要是以美墨和美加边境合作为主，近年来大湄公河次区域合作成为亚洲地区的代表。伴随次区域合作的开展，次区域合作的先导产业也在形成其独特的合作模式。典型的跨境合作模式有美加跨境旅游合作模式、欧盟创新跨境旅游合作模式、澜—湄跨境旅游合作模式。

（一）美加跨境旅游合作模式

美国和加拿大以北纬49度线为分界线，边界线总长度达8893千米，是全世界两个国家之间最长的边界线，同时也是全世界两个国家之间最长的不设防边界。美国和加拿大之间的安大略、伊利、休伦和苏必利尔等湖分布边境地区。两国公民穿越国境来去自由，可以在对方国家逗留3个月，而不需要任何外交部门签发的证件。在边界地区有三个典型的跨境公园，跨境公园的合作模式代表了美加跨境旅游合作模式。三个典型的跨境公园为美国加拿大和平公园（IPG）、罗斯福坎贝罗公园（PCIP）以及沃特顿—冰河国际和平公园（IPP），美国加拿大和平公园（IPG）以自然景观为主，罗斯福坎贝罗公园（PCIP）以文化景观为主，沃特顿—冰河国际和平公园（IPP）以生物多样性景观吸引旅游者。三个跨境公园的合作模式共同点是建立美国与加拿大的共同管理委员会，负责跨境旅游的综合事务处理，但具体事务多是两国分担不同的部分，如图7-1所示。

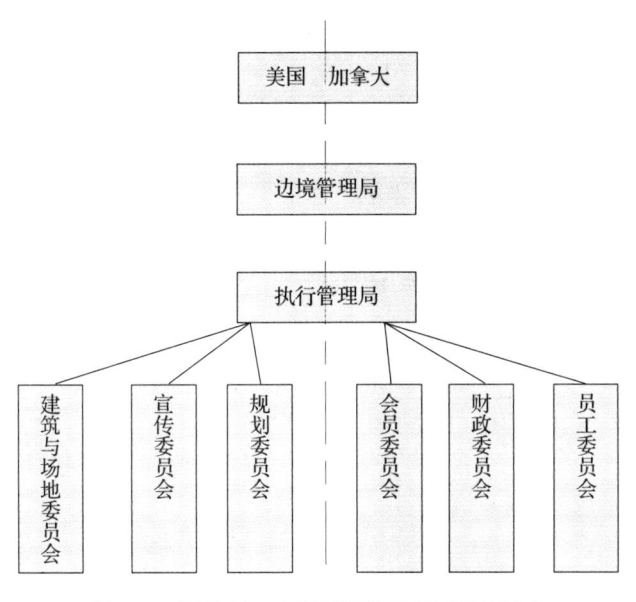

图 7-1 沃特顿—冰河国际和平公园管理模式

（二）欧盟跨境旅游创新合作模式

欧盟的德国、法国、瑞士三国形成独特的上莱茵河经济合作区，上莱茵地区从行政上包括巴塞尔、米卢兹、尔斯鲁厄、斯特拉斯堡、阿尔萨斯大区、德国巴登符腾堡州的上下巴登地区、瑞士西北部五个联邦区（两个巴塞尔、阿高、汝拉和索罗托地区），其地缘经济合作模式由上莱茵河地区合作委员会、欧洲区域基金会、欧洲委员会、欧洲区域集会组织、三国议会、上莱茵地区边境合作区委员会、上莱茵南部合作区秘书处、欧洲区域基金会、三国议会、上莱茵河地区合作委员会从上到下负责整个边境区的合作，如图 7-2 所示，形成了既有层次，又有深度的全方位合作态势。在欧盟跨境旅游区合作上，也进行了创新探索，形成跨境旅游区合作模式的内在机制，如图 7-3 所示。通过跨境区管理委员会、区域劳动力委员会、区域政策委员会递进与旅游管理委员会共同形成跨境旅游合作模式。

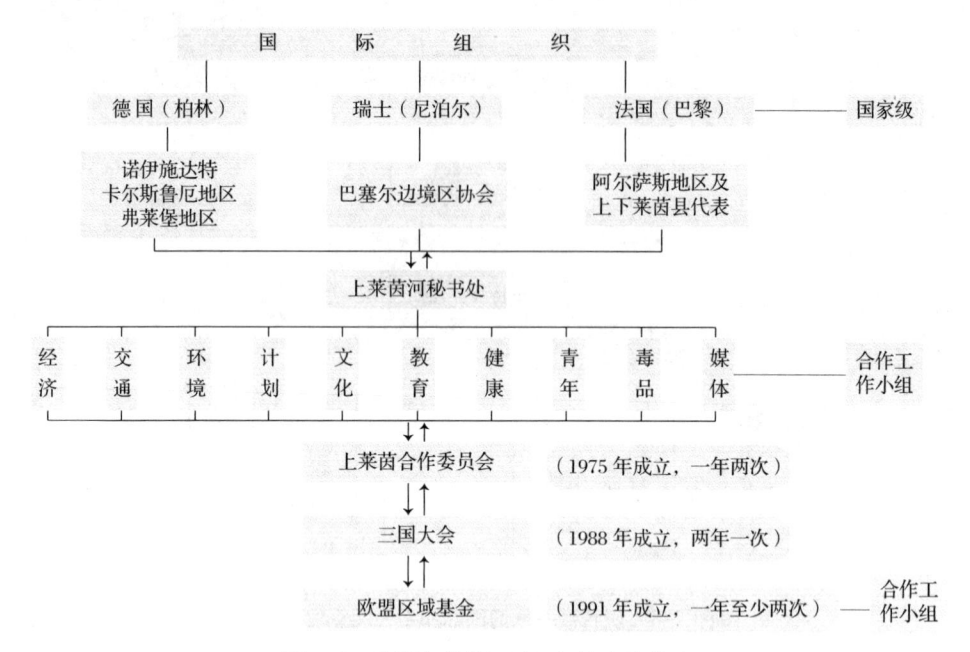

图 7-2　欧盟上莱茵河地区经济合作模式

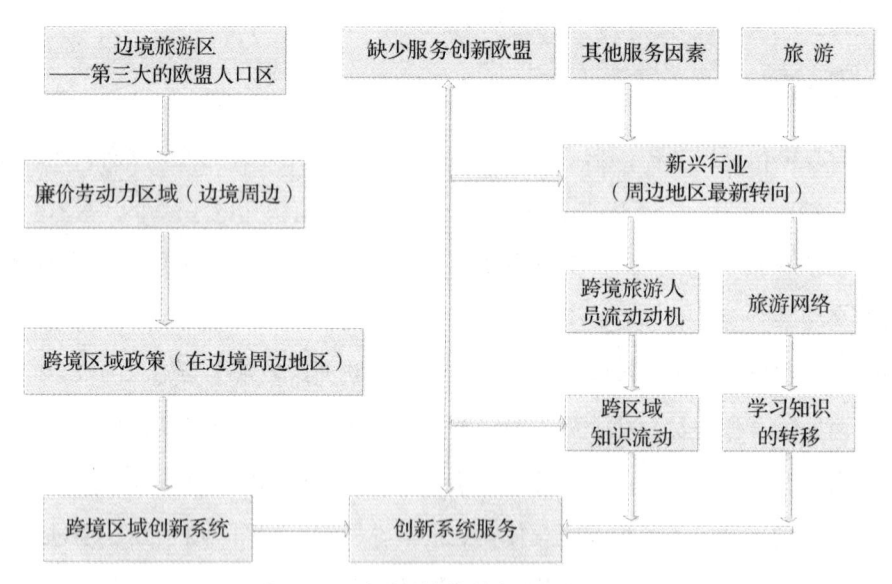

图 7-3　欧盟跨境旅游合作创新机制

（三）澜—湄跨境旅游合作模式

澜—湄跨境旅游合作模式是在澜沧江—湄公河次区域经济合作的基础上提出旅游合作计划，打造"澜—湄次区域旅游圈"。澜—湄跨境旅游合作模式围绕七个方面开展，即举办工作组会议和论坛、开展次区域旅游人员培训工作、开展次区域旅游目的地宣传促销、开展次区域旅游规划研究、实施旅游开发建设项目、推进旅行手续简化、搭建新的旅游合作框架开展合作。澜—湄次区域委员会为主体，企业、非政府组织和当地居民为该模式的有力支撑，形成一体两翼的跨境旅游合作模式。

四、图们江跨境旅游合作模式

东北地区边境旅游毗邻国家与我国其他地区的国家制度不同，结构多样。与欧盟国家、东南亚地区及美加边境有相同之处，同时也存在一定的差异。东北地区跨境旅游合作区语言、社会体制、经济发展水平差异较大，难以形成自下而上的边境旅游合作模式。东北地区跨境旅游合作区应有主导方，否则难以协调各国利益与矛盾冲突。主导建立中俄朝跨境旅游区，关键要在"促合"和"强我"。"促合"即重在促进建立合作机制和工作联合，"强我"就是要扎实做好我方工作，掌握主动。创新区域国际合作机制建议各级协商机制、旅游人才培训与教育交流平台、定期进行跨境旅游合作风险反馈与评估；建立图们江跨境旅游合作秘书处，统一进行旅游在线宣传、环境保护、教育培训、旅游线路、产品开发、安全保障、青年交流、毒品防范等；形成以中国主导、三国共同参与的四国大会制度，定期讨论边境旅游发展存在的问题，成立区域基金委员会对合作基金进行有效监管，如图7-4所示。

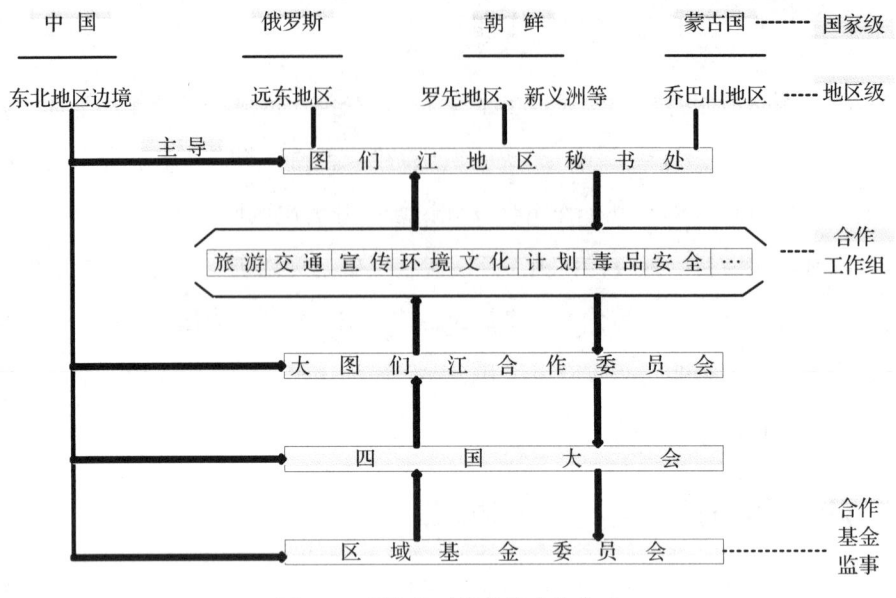

图 7-4 图们江跨境旅游合作模式

第二节 东北地区边境旅游地域系统发展战略

东北地区边境城市相对全国边境城市而言，边境城市地域集中而连片，且所面对国家特色各不相同，为东北边境旅游联合发展提供了物质基础。2016年国家重新提出再振兴东北老工业基地，向高新技术和现代服务业转型升级，旅游业已成为带动现代服务业关联强度最高的行业之一。东北地区边境旅游作为跨境合作与友谊的催化剂，边境旅游的发展不只是边境地区经济发展水平提高的问题，同时也是国家对外开放、国际地缘经济与政治的核心问题。

一、管理机制与政策创意战略

边境旅游业在新的国家形式下出现新的特点与规律性，中国东北边境存在多种边境类别，同时边境合作也存在多种组织关系，对外开发同时存在对境外开放与对内陆地区开放。首先边境旅游发展需要从政府框架下整合基础设施、交通、生态保护、边境性质、人文资源、促销等，使边境发展与国家对外战略相融合，改变边境城市在边境旅游发展中的职能，探索边境城市在边境旅游发展中的权力空间，充分体现边境旅游资源在边境旅游市场中的配置优势，打破东北边境间的行业壁垒、行政壁垒与国家壁垒，实现跨地区的边境旅游运营。

二、旅游与贸易互动发展的战略

边境城市的特殊地理位置，使它成为对境外贸易的通道、口岸，边境城市本身具有外向性特点，边境贸易对内地经济具有引导作用，边境贸易使边境城市对邻国市场的食、住、行、游、购、娱的信息了解准确而及时，能够为旅游者提供更好的信息，从而推动了商务旅游的发展，同时边境旅游的发展又促进了边境贸易更频繁的交流，边境贸易与边境旅游存在同步性与相关性。第一，关注边境旅游的发展，边境贸易是推动边境旅游发展的直接驱动力；第二，边境贸易加快人员流动，反作用边境旅游业，为发展边境贸易进行健全城市发展的基础设施、交通条件、边境地区服务质量等，旅游业因此受益。由于边境贸易的发展，边境城市结为边境友好城市，方便旅游业跨国境出行。特别是在东北地区的丹东、满洲里等边境贸易口岸，边境贸易与旅游已经实现了一体化发展。

三、跨区域、跨国合作的战略

东北地区边境区合作是指与俄罗斯、蒙古国、朝鲜等国所辖边境地区的区域合作。利用边境地区的区位优势、旅游资源优势、交通外向性优势削弱边缘地区经济欠发达的影响，增强边境地区区域的整体竞争优势，使边境地区成为重要的旅游者入境口岸，开拓我国的入境旅游市场。边境口岸城市间与边境城市间的跨区域跨国合作能够为开展东北地区边境旅游地域系统的发展提供更好的平台。例如，构建东北"漠河—黑河—抚远—兴凯湖"的跨区域合作、"珲春—白山—通化—丹东"的跨区域合作、"延边地区—朝鲜—俄罗斯"的跨区域合作等多形式、多类型的区域旅游合作。

四、区域特色战略

东北边境地区旅游资源特色、文化差异性明显，从旅游产品、旅游服务、旅游宣传、旅游管理等方面提升产品质量、塑造独特的边境旅游品牌。在生态保护的前提之下进行合理有序的旅游资源开发，着重挖掘民族充满智慧、进取精神的民族风貌、边境旅游资源的神秘，提供给人们一个可以参与其中，直观感受边境文化的平台。体现生态、文化、休闲、度假的价值理念，实现其生态、文化、旅游价值的边境旅游新时尚，推进现代国际旅游的发展。

五、产业协同发展战略

东北地区的资源枯竭严重，而作为边境毗邻的蒙古国、俄罗斯、朝鲜的资源相对丰富，利用资源，发挥边境地区作为"接内连外"的中介地区的作用，加深产业链的深度与宽度，连接国内区域中心城市的物质与非物质交流，同时拓展国外区域中心城市的物质与非物质交流。黑龙江省在边境旅游发展的同时多关注与俄罗斯远东地区产业规划、将边境旅游与产业发展相结合，吉林省在边境旅游发展的同时多关注与朝鲜清津地区、罗先地区的产业规划，以获得产业互补优势。

第三节 东北地区边境旅游发展建议

东北地区边境旅游城市间的经济作用或是旅游作用强度均不足，与省际区域城市间的作用强度也相对较弱。东北地区的边境旅游发展尚处在初步发展时期。边境旅游经济间的溢出相对较少，旅游产品结构单一、政府重视程度不足、边境旅游发展的体制与管理还不成熟，旅游综合服务相对较差、次区域合作也有待进一步提升。综上所述。提出以下东北地区边境旅游发展建议。

一、从只挣"过路钱"转向建立边境城市旅游综合体

边境城市旅游产业链相对较短，主要原因是目前的边境旅游最大吸引力

为"跨越边境",口岸景区多发展跨越边境的简单旅游线路,而对边境城市的其他功能没有进行开发,旅游线路相对较短,且旅游形式单一,结构简单,很难通过边境旅游促进当地经济发展。在发展边境旅游时要树立边境大旅游观,不能只挣"过路钱",重要的是要增加旅游"副产品",通过整合边境城市,使各边境城市间与跨越边境成为一个引子,更多地发展"跨越+边境旅游综合体"。在边境旅游合作深化与旅游产品不断发展的新阶段,东北地区的区域中心城市的核心景区与旅游综合体,通过旅游产品的深化与旅游线路的拓展,可以成为边境线路的重要节点。通过内拉外连、丰富旅游产品结构、边境城市间协同发展,真正走边境城市的协同发展道路。以中朝陆路口岸边境依托丹东、通化、白山、珲春对内对外形成边境旅游地域系统中的子系统,跨朝鲜旅游圈;以中俄陆路口岸边境依托满洲里形成边贸边旅一体化的旅游圈;以中朝海陆口岸为依托的延边地区的远距离跨境旅游圈;以中俄界河为依托的牡丹江、黑河、佳木斯地区的河湖度假旅游圈。发挥东北亚欧大陆桥的优势,设计连接中国、蒙古国、俄罗斯三国联运旅游,开发共同受益的旅游产品、丰富旅游产品结构、提高边境城市接待设施,构建边境跨越与边境城市旅游综合体。

二、由有"路"不"通"转向边境旅游通道"无障碍"

边境旅游通道分为两类:一类为信息通道,另一类为交通通道。边境地区处在信息交通的底端,在互联网时代,应该整合各自资源特色、把各方的旅游景点串联起来,共同开发设计旅游线路、共同利用旅游电商宣传,形成统一的边境旅游识别系统、实现资源共享、客源互流。在实地调研中发现,在交通通道上也存在很多问题。中朝边境旅游主要存在四个方面的问题:一是中朝边境主要的出入境口岸为丹东—新义州、图们—南阳、圈河—元汀里三处,这三处口岸具有公路、铁路两种交通类型,但朝方列车经常晚点且编组有限,等待时间也长,有时候受到朝方政治影响不定期停开、口岸关闭。二是朝方签证相对困难、手续繁琐,效率低下。三是受朝方经济、军事、外交等影响入境旅游市场稳定性差，电力系统不足、价格波动较大，旅游行程单一等。对俄口岸也不够通畅。在进行旅游通道建设上，要把不通的变通、通的变顺、顺的变快。重点构建跨境旅游通道体系建设，以满足说走就走的旅游者的旅游愿望。重点发展丹东、珲春、满洲里、绥芬河口岸软硬件建设，培育边境区域中心，构建快捷的边境旅游通道。

三、从边境城市"单打"转向跨区域合作

边境旅游不能是边境城市单方面进行资源开发，应该联合各国各边境城市间统一对资源进行整合、培育边境区域的国际型旅游景区、跨区域的旅游线路、打造边境旅游品牌，整体进行市场化运作，发展旅游综合体。建立中蒙、中俄、中朝边境自由贸易区，探索双方或多方的合作机制，在建立多国旅游合作机制时，周围各国港口、通道、航线涉及多个国家主权问题。这就需要我国牵头作为主体，建立平等对话和信息共享的平台，需要与俄、朝、韩国、日本、蒙古国签署具有法律效力的通航管理协议，以双边约束带动多边约束，完善多国物流合作机制，保证通道畅通。

四、从等待政策体制转向自主创新"政策体制"

边境旅游发展的关键阶段无不与国家各种政策相关，边境地区等待国家政策进行向前发展的时期应该成为历史。随着国家多次建立"试验区"和"示范区"，以开放促改革，以改革促发展将成为边境旅游发展的重要趋势。在利用国家对边境地区的政策同时，努力通过自身实践发展进行模式创新。在跨境旅游经济合作、旅游自由行、旅游投资便利化、旅游电商营销等方面，探索多国规划平台、信息交流平台、多国旅游合作规划、跨国企业管理机构、探索多利益分配方式与方法。形成具有边境如"美加边境性"的边境管理机构、形成"1+1""1+2""1+N"跨区域合作方式，建立国际旅游友好年、旅游友好城市等的合作渠道和合作机制。

第八章
结论与展望

本书在分析梳理边境旅游发展的特点、边境旅游类型、特点的基础上，通过利用地缘经济理论、经济地域运动理论、核心—边缘理论以及新经济增长理论、系统论、协同理论的指导下，阐述东北边境旅游地域系统的构成、影响因素等，分析东北边境旅游系统的构成、特点、组织结构关系，利用2000年以来数据通过经济强度模型与旅游经济溢出测度了的内部空间影响、对外的相互作用、系统运行机制，提出图们江跨境旅游合作模式，进而得出的主要结论如下：

一、本书主要结论

（1）从地缘经济与经济地域运动论视角提出边境旅游地域系统理论及其内涵、特点、结构、类型、影响因素。

（2）通过对东北边境旅游地域系统的分析，得出东北边境旅游地域系统发展处于中期阶段。这一阶段需要边境旅游系统理论的支持与发展。形成跨境合作组织，形成特色、旅游线路多样化、旅游内容丰富的陆路边境系统，简化的出入关手续以及不断延伸的线路与旅游产品成为这一阶段发展的充要条件。

（3）通过经济强度测度与旅游经济强度测度，发现经济发展与旅游经济发展间存在一定的关联。在经济强度方面发现从 2000 年以来，边境城市中丹东—通化、鹤岗—佳木斯、鸡西—佳木斯、鸡西—牡丹江等边境城市间作用强度较大，在旅游强度测度中，从 2000 年以来，丹东、通化、牡丹江、鸡西、延边地区的旅游经济作用强度不断增强，黑龙江省内部边境旅游城市的主导地位开始下降，而丹东、通化在缓慢地成为边境旅游地域系统的中心城市。在整个东北边境地域系统中，边境城市之间的总强度 SE 逐年增加，边境城市的经济熵 HE 也逐年增加，说明东北边境旅游地域系统正在发生新的变化，系统内越来越复杂。通过区域旅游职能中心城市选择模型得出，丹东、牡丹江、通化有成为区域中心的可能。

（4）在东北地区边境旅游系统对外联系中发现，边境旅游城市多处在第三层级中，随着时间边境旅游内部系统内联系增强，利用 ArcGIS 空间网络对边境地域系统内与东北地区 41 个城市间的经济强度、旅游强度分析，边境城市与省会城市作用明显，即与哈尔滨、大连、长春、沈阳等城市作用强度较大；通过 ArcGIS 空间网络分析，得出边境旅游地域系统对外联系呈分层集聚现象，形成"三边四城"的空间格局。以中心城市职能选取区域中心城市，发现东北地区区域中心城市为哈尔滨、大连、长春、沈阳，边境城市多处在三级层级的，其中丹东、呼伦贝尔、牡丹江、通化地区在边境城市中处在前列。从 2000~2013 年东北区的 SE 快速提高，边境区的 SE 也快速变大，区域内形成多个城市中心职能的城市，城市规模差距也在加大。特别从 2009 年后城市间的经济作用强度增加，从 2000~2013 年东北地区与边境地区的 SE 可以看出，边境地区对于东北地区而言，边境区的总经济作用熵更小，说明边境城市间的城市规模相对整个东北地区差距较小。

（5）边境旅游地域系统的发展离不开东北地区城市空间网络的作用。通过对东北城市化水平分析，边境地区的城市化水平相对较低。通过空间溢出得到，城市化水平与边境旅游经济的发展关联并不明显，这说明东北地区以及东北边境地区的城市化率的提高并没有对旅游经济产生积极的影响。其深层次的原因可能是由于城市间生活水平的提高，城乡差距变小，降低了城市间特色的凸显，城市间旅游资源同质性增强，限制了旅游经济的发展，但对于特别低的城市化水平，城市化率提升，也会促进旅游经济的发展。旅游资源丰度、特色以及旅游基础设施与旅游服务设施才是边境旅游发展的重要基础。

（6）利用旅游经济溢出模型分析东北中心城市与边境城市间的经济溢出发现，旅游资源赋存与旅游接待能力对旅游经济的影响明显，价格指数、名义利率对边境旅游城市的溢出不明显。

（7）通过分析中国对毗邻边境国家的旅游政策、总结国内外典型区跨境经济合作模式，提出东北地区跨境旅游合作模式。

二、主要创新点

（1）从地缘经济与经济地域运动论视角提出边境旅游地域系统理论及其内涵、特点、结构、类型、影响因素。

（2）首次提出建立由中国主导的图们江跨境旅游合作模式，探索东北地区边境旅游发展内部机制。

（3）通过旅游经济的溢出分析与旅游经济联系强度测度，发现城市化发展水平与边境旅游地域系统发展关联不明显，但边境城市间的旅游经济发展不受距离衰减规律的影响，更多受到边境城市的旅游资源特色与当地基础设施、旅游综合接待能力的影响。

三、研究局限与未来研究展望

东北边境旅游地域系统主要研究的是其经济地域运动，而对其形成机制的研究由于更多关注经济方面的内容，由于社会、生态环境方面的数据难以获得，所以对社会与生态环境的关注相对较少，未来还有较大的空间需要进一步研究。

（1）本书在研究边境地域系统时，关注边境对内陆地区的旅游经济影响，对境外旅游经济的影响有待深入研究。由于难以获得更小一级的单元数据，对边境旅游地域系统内部县域以下联系的分析还有待进一步探索。

（2）本书从东北地区出发研究边境旅游地域系统，而西南、西北边境在旅游资源、城市发展都有明显的不同，在以后的机会希望能够比较三个边境地域系统间的差别，进而丰富边境地域系统的内容。

参考文献

［1］Adi Weidenfeld. Tourism and Cross Border Regional Innovation Systems [J]. Annals of Tourism Research, 2013（42）, 191-213.

［2］Anderson J. B. Formal Sector Job Growth and Women's Labor Sector Participation: The Case of Mexico [J]. The Quarterly Review of Economics and Finance, 1999, 39（2）: 169-191.

［3］Anderson J. B., Dimon D. The Impact of Opening Markets on Mexican Male/Female Wage and Occupational Differentials [J]. The Social Science Journal, 1995, 32（4）: 309-326.

［4］Aradhyula S., Tronstad R. Does Tourism Promote Cross-border Trade? [J]. American Journal of Agricultural Economics, 2003, 85（3）: 569-579.

［5］Barrera E., Trejo M. Pancho Villa Raids Again: Representations of Aliens in Heterotopia [J]. International Journal of Intercultural Relations, 2000, 24（5）: 707-722.

［6］Blasco Dani, Guia Jaume, Prats Luis. Emergence of Governance in Cross-border Destinations [J]. Annals of Tourism Research, 2014（49）: 159-173.

［7］Boopen, Durbarry, Ramesh, et al. Using the Panel Cointegration Approach to Analyse the Determinants of Tourism Demand in South Africa Seetanah [J]. Tourism Economics, 2010, 16（3）: 715-729.

[8] Chaderopa, Chengeto. Crossborder Cooperation in Transboundary Conservation-development Initiatives in Southern Africa: The Role of Borders of the Mind [J]. Tourism Management, 2013（39）: 50-61.

[9] Connell John. Contemporary Medical Tourism: Conceptualisation, Culture and Commodification [J]. Tourism Management, 2013（34）: 1-13.

[10] Correia Loureiro, Sandra Maria, Miranda Gonzalez, Francisco Javier. The Importance of Quality, Satisfaction, Trust, and Image in Relation to Rural Tourist Loyalty [J]. Journal of Travel & Tourism Marketing, 2008（2）: 117-136.

[11] DiMatteo L. Using Alternative Methods to Estimate the Determinants of Cross-border Trips [J]. Applied Economics, 1999, 31（1）: 77-88.

[12] Eeva-Kaisa Prokkola. Borders in Tourism: The Transformation of the Swedish-Finnish Border Landscape [J]. Current Issues in Tourism, 2010, 13（3）: 223-238.

[13] Felsenstein D., Freeman D. Estimating the Impacts of Crossborder Competition: The Case of Gambling in Israel and Egypt [J]. Tourism Management, 2001, 22（5）: 511-521.

[14] Gelbman A., Timothy D. J. From Hostile Boundaries to Tourist Attractions [J]. Current Issues in Tourism, 2010, 13（3）: 239-259.

[15] Gelbman A. Border Tourism in Israel: Conflict, Peace, Fear and Hope [J]. Tourism Geographies, 2008（2）: 193-213.

[16] Getz D. Planning for Tourism Business Districts [J]. Annals of Tourism Research, 1993, 20（3）: 583-600.

[17] Gregory Dunn, Katerina Annaraud, Jay Schrock. Russian Gamblers: Who Are They? [J]. Journal of Travel & Tourism Marketing, 2009, 26（4）: 355-363.

[18] Gupta D. R., Dada Z. A. Rehabilitating Borderland Destinations: Astrategic Framework [J]. The Journal of Tourism and Peace Research, 2011, 2（1）: 38-54.

[19] Hachowiak H. Tourism and Borders: Contemporary Issues, Policies and

International Research [M]. Burlington: Ashgate Publishing Company, 2006: 9-10.

[20] Hall C. M. Biosecurity and Wine Tourism [J]. Tourism Management, 2005, 26 (6): 931-938.

[21] Hampton M. P. Enclaves and Ethnic Ties: The Local Impacts of Singaporean Cross-border Tourism in Malaysia and Indonesia [J]. Singapore Journal of Tropical Geography, 2010, 31 (2): 239-253.

[22] Hanefeld J., Lunt N., Smith R., Horsfall D. Why Do Medical Tourists Travel to Where They Do? The Role of Networks in Determining Medical Travel [J]. Social Science & Medicine, 2015 (124): 356-363.

[23] Hanefeld Johanna, Smith Richard, Horsfall Daniel, Lunt Neil. What Do We Know about Medical Tourism? A Review of the Literature with Discussion of Its Implications for the UK National Health Service as an Example of a Public Health Care System [J]. Journal of Travel Medicine, 2014, 21 (6): 410-417.

[24] Helleiner J. Young Border Landers, Tourism Work, and Anti-Americanism in Canadian Niagara [J]. Identities, 2009, 16 (4): 438-462.

[25] Hjalager A. M. Stages in the Economic Globalization of Tourism [J]. Annals of Tourism Research, 2007, 34 (2): 437-457.

[26] Ilbery B., Saxena G., Kneafsey M., et al. Exploring Tourists and Gatekeepers' Attitudes Towards Integrated Rural Tourism in the England-Wales Border Region [J]. Tourism Geographies, 2007, 9 (4): 441-468.

[27] Izotov A., Laine J. Constructing (Un) Familiarity: Role of Tourismin Identity and Region Building at the Finnish-Russian Border [J]. European Planning Studies, 2012, 21 (1): 93-111.

[28] Jakosuo K. Russia and the Russian Tourist in Finnish Tourism Strategies: The Case of the Karelian Region [J]. Procedia-Social and Behavioral Sciences, 2011 (24): 1003-1013.

[29] Jauregui C., Cristobal-Salas A., Rodriguez-Diaz A., et al. Simulation of

Contagion by Tuberculosis in Public Places at US-Mexico Border Area [R]. Ghent: European Simulation and Modelling Conference, 2003.

［30］Komppula R. The Role of Individual Entrepreneurs in the Development of Competitiveness for a Rural Tourism Destination-A Case Study [J]. Tourism Management, 2014, 40（1）: 361-371.

［31］Koši K., Pivac T., Romeli J., et al. Characteristics of Thermal-mineral Waters in Backa Region（Vojvodina）and Their Exploitation in Spa tourism [J]. Renewable and Sustainable Energy Reviews, 2011, 15（1）: 801-807.

［32］Lord K. R., Putrevu S., Shi Y. Z. Cultural Influences on Cross-border Vacationing [J]. Journal of Business Research, 2007, 61（3）: 1-8.

［33］Lovelock B., Boyd S. Impediments to a Cross-border Collaborative Model of Destination Management in the Catlins, New Zealand [J]. Tourism Geographies, 2006, 8（2）: 143-161.

［34］Mansfeld Yoel, Korman Tally. Between War and Peace: Conflict Heritage Tourism along Three Israeli Border Areas [J]. Tourism Geographies, 2015, 17（3）: 437-460.

［35］Martinez, Oscar. The Dynamics of Border Interaction: New Approaches to Border Analysis [M] // Schofield C. H. Global Boundaries: World Boundaries Volume 1. London: Routledge, 1994: 1-22.

［36］Matheson C. M., Finkel R. Sex Trafficking and the Vancouver Winter Olympic Games: Perceptions and Preventative Measures [J]. Tourism Management, 2013, 36（3）: 613-628.

［37］McKelvey A., David A. L., Shenfield F., et al. The Impact of Cross-border Reproductive Care or "Fertility Tourism" on NHS Maternity Services [J]. Bjog-An International Journal of Obstetrics and Gynaecology, 2009, 116（11）: 1520-1523.

［38］Meyer D.R. A Dynamic Model of the Integration of Frontier Urbanplaces into the United States System of Cities [J]. Economic GeogRaphy, 1980（56）: 120-140.

［39］Olya H. G. T., Alipour H. Risk Assessment of Precipitation and the Tourism Climate Index [J]. Tourism Management, 2015（50）: 73–80.

［40］Poyhonen P.A Tentative Model for the Volume of Trade between Countries [J]. Weltwirtschaftliches Archiv, 1963（3）: 93–99.

［41］Prokkola E. K. Cross–border Regionalization and Tourism Development at the Swedish–Finnish Border: "Destination Arctic Circle" [J]. Scandinavian Journal of Hospitality and Tourism, 2007, 7（2）: 120–138.

［42］Prokkola E. K. Regionalization, Tourism Development and Partnership: The European Union's North Calotte Sub–programme of Interreg Ⅲ a North [J]. Tourism Geographies, 2011, 13（4）: 507–530.

［43］Saxena G., Ilbery B. Integrated Rural Tourism a Border Case Study [J]. Annals of Tourism Research, 2008, 35（1）: 233–254.

［44］Schernewski G., Jülich W. D. Risk Assessment of Virus Infections in the Oder Estuary（Southern Baltic）on the Basis of Spatial Transport and Virus Decay Simulations [J]. International Journal of Hygiene & Environmental Health, 2001, 203（4）: 317–325.

［45］Scott J. Sexual and National Boundaries in Tourism [J]. Annals of Tourism Research, 1995, 22（2）: 385–403.

［46］Shenfield F., de Mouzon J. Pennings, G. Ferraretti, et al. Cross Border Reproductive Care in Six European Countries [J]. Eshre Taskforce Cross Border Human Reproduction, 2010, 25（6）: 1361–1368.

［47］Smith S. L. J., Xie P. F. Estimating the Distance Equivalence of the Canada–U. S. Border on US–to–Canada Visitor Flows [J]. Journal of Travel Research, 2003, 42（2）: 191–194.

［48］Sofield T. H. Border Tourism and Border Communities: An Overview [J]. Tourism Geographies, 2006, 8（2）: 102–121.

［49］Sullivan P., Bonn M. A., Bhardwaj V., et al. Mexican National Cross–

border Shopping: Exploration of Retail Tourism [J]. Journal of Retailing and Consumer Services, 2012, 19（6）: 596-604.

［50］Timothy D. J. Political Boundaries and Tourism: Borders as Tourist Attractions [J]. Tourism Management, 1995, 16（7）: 525-532.

［51］Timothy D. J. Cross-border Partnership in Tourism Resource Management: International Parks along the US-Canada Border [J]. Journal of Sustainable Tourism, 1999, 7（3-4）: 182-205.

［52］Timothy D. J. Political Boundaries and Tourism-borders as Tourist Attractions [J]. Tourism Management, 1995, 16（7）: 525-532.

［53］Timothy D. J., Butler R. W. Cross Border Shopping: A North American Perspective [J]. Annals of Tourism Research, 1995, 22（1）: 16-34.

［54］Timothy D. J., Kim. Seongseop (Sam). Understanding the Tourism Relationships between South Korea and China: A Review of Influential Factors [J]. Current Issues in Tourism, 2015, 18（5）: 413-432.

［55］Timothy D. J., Tosun C. Tourists' Perceptions of the Canada-USA Border as a Barrier to Tourism at the International Peace Garden [J]. Tourism Management, 2003（4）: 411-421.

［56］Timothy D. J Butler. R. W. Cross-border Shopping: A North-American Perspective [J]. Annals of Tourism Research, 1995, 22（1）: 16-34.

［57］Tinbergen J. Shaping the World Economy: Suggestion for an International Economic Policy [M]. New York: The Twentieth Century Fund, 1962: 170-185.

［58］Tugcu, Can Tansel. Tourism and Economic Growth Nexus Revisited: A Panel Causality Analysis for the Case of the Mediterranean Region [J]. Tourism Management, 2014（42）: 207-212.

［59］Turner L. Cross-border Dental Care: "Dental Tourism" and Patient Mobility [J]. British Dental Journal, 2008, 204（10）: 553-554.

［60］Wen J. J., Tisdell C. Tourism and China, s Development: Policies Regional

Economic Growth and Ecotourism [M]. Singapore: World Scientific, 2001.

[61] Woosnam, Kyle M., Shafer C. Scott, Scott David, et al. Tourists' Perceived Safety through Emotional Solidarity with Residents in Two Mexico–united States Border Regions [J]. Tourism Management, 2015（46）: 263–273.

[62] Zhao J., Li Y., Wang D., et al. Tourism–induced Deforestation Outside Changbai Mountain Biosphere Reserve, Northeast China [J]. Annals of Forest Science, 2011, 68（5）: 935–941.

[63] 包广静，吴兆录. 边缘效应与旅游区可持续发展研究 [J]. 云南财经大学学报，2006，22（1）: 44–49.

[64] 陈才，丁四保. 东北地区边境口岸经济发展现状的调查与分析 [J]. 东北亚论坛，1999（2）: 52–56.

[65] 陈才. 地缘关系与世界经济地理学科建设 [J]. 世界地理研究，2001，10（3）: 2–7.

[66] 陈才. 论东北亚地区政治经济形势变化与图们江地区多国合作开发 [J]. 人文地理，1993（2）: 1–12.

[67] 陈才. 区域经济地理学 [M]. 北京：科学出版社，2009.

[68] 陈俊安. 中越旅游政策变迁对双边旅游经济影响的实证研究 [J]. 改革与战略，2014（2）: 36–39.

[69] 陈俊伟. 防城港市——广西旅游的新增长点 [J]. 广西社会科学，2001（6）: 52–54.

[70] 陈琪. "一带一路"视域下中国新疆边境游消费者权益保护研究 [J]. 新疆师范大学学报（哲学社会科学版），2015（4）: 120–125.

[71] 陈廷，武海. 中越边境旅游可持续发展——环北部湾地区边境旅游研究系列论文之三 [J]. 西南民族大学学报（人文社会科学版），2005（1）: 336–340.

[72] 陈雪婷，陈才，徐淑梅. 国际区域旅游合作模式研究——以中国东北与俄、蒙毗邻地区为例 [J]. 世界地理研究，2012（3）: 152–159.

[73] 陈彦光，刘继生. 基于引力模型的城市空间互相关和功率谱分

析——引力模型的理论证明、函数推广及应用实例[J].地理研究，2002，21（6）：742-751.

[74]陈永涛.云南边境旅游发展研究[D].昆明：云南大学硕士学位论文，2004：2-6.

[75]丛志颖，于天福.东北东部边境口岸经济发展探析[J].经济地理，2010（12）：1937-1943.

[76]崔庠，王犹青.珲春市旅游业开发构想[J].东北师大学报（自然科学版），1994（5）：73-77.

[77]丁红建，余建国.城市对外经济联系量与地缘经济关系的匹配分析——以南京市为例[J].中国软科学，2008（3）：44-51.

[78]冯革群，丁四保.边境区合作理论的地理学研究[J].世界地理研究，2005，14（1）：53-60.

[79]冯革群.欧洲边境区合作模式探析——以上莱茵边境区为例[J].世界地理研究，2001（4）：54-61.

[80]冯章献.边境少数民族地区乡村旅游扶贫的问题与出路——来自吉林省延边州的经验[J].旅游导刊，2019，3（1）：86-90.

[81]甘静，郭付友，陈才，等.2000年以来东北地区城市化空间分异的时空演变分析[J].地理科学，2015（5）：565-575.

[82]甘静，梁振民，陈才.珲春—图们江地区边境口岸物流体系建设研究[J].世界地理研究，2013（3）：128-135.

[83]葛全胜，席建超，王首琨.中国边境旅游：阶段、格局与若干关键战略问题及对策[J].资源科学，2014（6）：1099-1106.

[84]葛全胜，钟林生，等.中国边境旅游发展报告[M].北京：科学出版社，2014.

[85]郭向阳，明庆忠，丁正山.云南边境地区旅游空间整合与策略研究[J].学术探索，2019（2）：90-97.

[86]何忠诚.金融危机对东北亚旅游客源市场的影响与我国的对策[J].

东北亚论坛，1999（2）：70-74.

［87］黄爱莲. 中、越跨界旅游联合营销研究［J］. 特区经济，2011（3）：153-154.

［88］黄炳康，李忆春，吴敏. 成渝产业带主要城市空间关系研究［J］. 地理科学，2000，20（5）：411-415.

［89］黄耀东. 广西边境旅游发展战略研究［J］. 东南亚纵横，2014（1）：30-34.

［90］姜太芹. 我国边境旅游研究综述［J］. 旅游研究，2012（3）：79-84.

［91］金晓哲，林涛，王茂军. 边疆的空间涵义及其人文地理研究框架［J］. 人文地理，2008，23（2）：124-128.

［92］李凡，黄耀丽. 区域间城市旅游经济的溢出分析——以珠江三角洲城市群为例［J］. 旅游学刊，2008，23（5）：23-28.

［93］李飞. 跨境旅游合作区：探索中的边境旅游发展新模式［J］. 旅游科学，2013（5）：10-21，41.

［94］李明. 中俄边境旅游发展研究［D］. 上海：上海师范大学硕士学位论文，2006：14-17.

［95］李庆娟. 黑龙江省边境贸易发展的现状、问题及对策［J］. 商业经济，2012（12）：12-13.

［96］李燕琴，束晟. 聚焦旅游视域下的中国边疆研究［J］. 地理研究，2015（3）：407-421.

［97］李英花，崔哲浩. 图们江区域边境旅游合作的现状与展望［J］. 延边大学学报（社会科学版），2011，44（3）：32-35.

［98］李正，陈才，熊理然. 欧美地缘经济理论发展脉络及其内涵特征探析［J］. 世界地理研究，2014（1）：10-18.

［99］李正. 地缘经济地域系统关联结构理论与实证［D］. 长春：东北师范大学博士学位论文，2014.

［100］李正一. 发展中苏边境贸易的宏观思考［J］. 国际商务研究，1990

［101］梁克义. 中俄边境旅游现状及海关监管对策[J]. 中国海关，1998（9）：25-26.

［102］廖国一. 东兴京族海洋文化资源开发——环北部湾地区边境旅游研究系列论文之一[J]. 西南民族大学学报（人文社会科学版），2005（1）：327-331.

［103］刘德云，吕斌. 跨界城市旅游合作机制研究——基于案例的比较分析[J]. 城市问题，2009（3）：34-41.

［104］刘佳劼，徐淑梅，王茗蕾，肖琳，田野. 东北地区边境口岸旅游业发展研究[J]. 世界地理研究，2015（4）：163-170.

［105］刘建民. 文化权力视角下的中越边境旅游商品变迁——以广西东兴红木制品为例[J]. 云南民族大学学报（哲学社会科学版），2012（6）：41-45.

［106］刘小蓓. 广西边境旅游发展及客源市场开拓[J]. 四川大学学报（哲学社会科学版），2004（11）：244-247.

［107］刘云，张梦瑶. 试论中缅跨境旅游合作发展模式构建[J]. 经济问题探索，2014（6）：127-131.

［108］陆保一，明庆忠，刘安乐，李婷. 边境地区旅游流空间场效应的时空动态及其影响因素——以云南省边境市州为例[J]. 云南师范大学学报（自然科学版），2019，39（2）：66-73.

［109］罗文标. 中国与东盟开展区域旅游合作的发展建议[J]. 湖北社会科学，2012（12）：103-106.

［110］毛宝俤. 试论新疆旅游业发展战略若干问题[J]. 经济地理，1989（1）：66-69.

［111］穆学青，郭向阳，明庆忠. 边境地区旅游强度时空演化特征分析[J]. 经济地理，2019，39（1）：233-240.

［112］那守海，张杰，牟宏珊. 黑龙江省东宁县边境旅游客流时空变化特征[J]. 国土与自然资源研究，2004（2）：78-79.

［113］宁志中，杨蕾蕾，钟林生. 中国陆地边境地区入境旅游市场的时空

特征研究[J].资源科学,2014(6):1125-1132.

[114]普拉提·莫合塔尔,海米提·依米提.我国西部边境的跨国旅游合作研究——以中国新疆与中亚五国旅游合作为例[J].干旱区资源与环境,2009,23(1):136-141.

[115]祁群.苏联——一个充满潜力的旅游客源市场[J].国际展望,1989(9):24-25.

[116]乔玉霞,李明德.浅谈国内旅游[J].旅游学刊,1994(3):45-48.

[117]时雨晴,钟林生,陈田.中国陆地边境县域旅游竞争力评价[J].资源科学,2014(6):1133-1141.

[118]时雨晴.中国陆地边境县域旅游竞争力的类型划分及特征分析[J].城市与环境研究,2019(1):60-75.

[119]宋涛,李玏,胡志丁.地缘合作的理论框架探讨——以东南亚为例[J].世界地理研究,2016,25(1):1-11.

[120]孙红.从我国与周边国家的贸易看旅游业[J].郑州大学学报(哲学社会科学版),1995(2):38-43.

[121]孙寿山,史镜.大力发展我区的旅游经济[J].前沿,1994(5):46-49.

[122]孙文昌,韩杰.东北边疆区域旅游的开发[J].东北师大学报(自然科学版),1992(3):116-124.

[123]塔费.城市等级——飞机乘客的限界[J].经济地理(英文版),1962:1-14.

[124]陶犁.建设边境旅游试验区 推动边境旅游转型发展[N].中国旅游报,2018-08-15(003).

[125]滕丽,王铮.区域溢出[M].北京:科学出版社,2010.

[126]藤田昌久,保罗·克鲁格曼,安东尼·J.维纳布尔斯.空间经济学——城市、区域与国际贸易[M].梁琦,译.北京:中国人民大学出版社,2005:10-12.

[127] 田里, 吴信值, 王枀. 国外跨境旅游合作研究进展与启示[J]. 旅游学刊, 2018, 33（7）: 52-62.

[128] 涂人猛. 旅游地域系统及发展模式研究［J］. 开发研究, 1994（3）: 26-28.

[129] 汪德根, 陆林, 陈田, 刘昌雪. 我国边境省区入境客源市场结构及开发战略研究——以内蒙古自治区为例[J]. 干旱区地理, 2004（4）: 615-621.

[130] 王德忠. 区域经济联系定量分析初探[J]. 地理科学, 1996, 16（1）: 51-57.

[131] 王辉, 刘敬华, 杨兆萍. 新疆跨国旅游合作结构模式研究——基于空间区位选择视角[J]. 人文地理, 2014（2）: 156-160.

[132] 王基能, 谢开, 吴老成, 等. 边境特色民族村寨旅游资源的开发利用研究——以云南腾冲某边境民族村为例[J]. 中国市场, 2011（41）: 149-150.

[133] 王丽丽, 明庆忠. 中国东北边境旅游发展及其地域空间模式研究[J]. 四川旅游学院学报, 2018（3）: 83-87.

[134] 王灵恩, 王芳, 葛全胜, 钟林生. 从欧盟经验看跨境合作背景下中国边境旅游发展[J]. 开发研究, 2013（4）: 51-55.

[135] 王楠, 张本明. 东北边境口岸型县域产业结构发展研究[J]. 开发研究, 2008（3）: 103-105.

[136] 王士录. "金四角经济合作区"的背景、现状和前景[J]. 亚太经济, 1994（4）: 6-11.

[137] 王欣, 吴殿廷, 王红强. 城市间经济联系的定量计算[J]. 城市与区域, 2006（3）: 55-59.

[138] 王新歌, 孔钦钦, 席建超. 边境旅游研究进展及其启示[J]. 资源科学, 2014（6）: 1107-1116.

[139] 王雪芳. 环北部湾滨海跨国旅游圈的构想——环北部湾地区边境旅游研究系列论文之四[J]. 西南民族大学学报（人文社会科学版）, 2005（12）: 199-202.

［140］王之政.关于发展对苏边境贸易问题的调查与建议[J].黑龙江财专学报,1990,127-29.

［141］夏友照.关于建立中俄朝跨境旅游合作区的战略思考[J].社会科学战线,2011（11）:237-239.

［142］谢婷,钟林生,张宪玉.基于空间竞争关系的中越边境旅游产品开发研究[J].社会科学家,2006（5）:123-127.

［143］熊礼明.我国边境旅游管理研究现状及拓展思路[J].商业时代,2009（4）:88.

［144］熊礼明.中越边境旅游系统管理研究[D].南宁:广西大学硕士学位论文,2005:11-12.

［145］徐东北,徐昌贵,谢春山.辽宁、吉林两省构建"沿鸭绿江边境旅游带"探析[J].通化师范学院学报,2009（7）:28-30.

［146］徐红罡,保继刚,周常春.澜湄次区域旅游合作的特点及西双版纳对策[J].云南地理环境研究,2005（6）:60-64,75.

［147］徐淑梅,李圆慧,王亚丰.中国东北东部边境地区旅游业发展研究[J].地理科学,2012（3）:336-341.

［148］徐松峦,岳惠志,张钊.吉林省边境旅游发展浅析[J].经济纵横,1997（4）:58-60.

［149］杨凌.中俄东部毗邻地区旅游业合作浅析[J].辽宁教育行政学院学报,2014,31（1）:22-25.

［150］杨效忠,彭敏.边境旅游研究综述及展望[J].人文地理,2012（4）:19-24,93.

［151］杨勇.中国—东盟自由贸易区与东兴市旅游市场的进一步开发——环北部湾地区边境旅游研究系列论文之二[J].西南民族大学学报（人文社会科学版）,2005（1）:332-335.

［152］杨兆萍,阎顺.新疆旅游客源市场分析及旅游业可持续发展[J].干旱区地理,1999（1）:27-33.

[153] 杨兆萍，张小雷. 边境地区旅游业发展模式研究 [J]. 经济地理，2001（3）：363–366.

[154] 姚素英. 试谈边境旅游及其作用 [J]. 北京第二外国语学院学报，1998（3）：17–22.

[155] 于国政，陈唯，周玲. 中国—周边国家跨境旅游合作研究 [J]. 资源开发与市场，2015（5）：617–621.

[156] 于立雪，李锦鑫. 东北边境口岸土地资源合理利用与功能分区探究——以黑龙江省东宁县为例 [J]. 延边大学学报（社会科学版），2011（1）：36–42.

[157] 袁珈玲. 构建中越跨境旅游合作区浅探 [J]. 东南亚纵横，2014（4）：45–48.

[158] 张广瑞. 目前边境旅游中存在的问题 [J]. 经济研究参考，1996（6）：33–38.

[159] 张广瑞. 中国边境旅游的基本类型、基本特点及发展趋势 [J]. 经济研究参考，1996（1）：15–26.

[160] 张广瑞. 中国边境旅游发展的战略选择 [M]. 北京：经济管理出版社，1997：1–2.

[161] 张广瑞. 中国边境旅游发展的战略与政策选择 [J]. 财贸经济，1997（3）：55–58.

[162] 张丽君. 毗邻中外边境城市功能互动研究 [M]. 北京：中国经济出版社，2006.

[163] 张秀杰. 中蒙旅游合作及其发展策略研究 [J]. 俄罗斯中亚东欧市场，2011（6）：32–36.

[164] 张亚林. 旅游地域系统及其构成初探［J］. 地理学与国土研究，1989，5（2）：39–43.

[165] 章锦河，张捷，李娜，等. 中国国内旅游流空间场效应分析 [J]. 地理研究，2005，24（2）：293–303.

[166] 赵爱华. 丹东中朝边境旅游的发展、问题及对策 [J]. 牡丹江教育学

院学报，2004（2）：120-121.

［167］赵多平，孙根年，苏建军.中国边境入境旅游的客流演化态势及其动因分析——新疆内蒙云南三省区的比较研究[J].人文地理，2012（5）：134-139.

［168］赵娴.大湄公河次区域旅游合作的机制建设[J].开放导报，2013（1）：88-90.

［169］郑度，葛金胜，张雪芹，等.中国区划工作的回顾与展望[J].地理研究，2005，24（3）：330-344.

［170］郑度，杨勤业，赵名茶，等.自然地域系统研究[M].北京：中国环境科学出版社，1997.

［171］郑辽吉.丹东市赴朝边境旅游发展研究[J].世界地理研究，2002，11（3）：71-78.

［172］钟林生，张生瑞，时雨晴，等.中国陆地边境县域旅游资源特征评价及其开发策略[J].资源科学，2014（6）：1117-1124.

［173］周彬，钟林生，陈田，等.黑龙江省中俄界江旅游资源评价与开发对策[J].干旱区资源与环境，2015，29（10）：203-208.

［174］周彬，钟林生，陈田，张爱平，戚均慧.基于生态位的黑龙江省中俄界江生态旅游潜力评价[J].资源科学，2014（6）：1142-1151.

［175］周健，刘东燕.越南的民族政策及其对我国边境民族地区的影响[J].东南亚纵横，2004（11）：14-19.

［176］周骁男，陈才.论地缘政治与地缘经济的研究范式[J].东北师大学报（哲学社会科学版），2007（2）：76-80.

［177］朱媛媛，王士君，冯章献.中国东北边境地区中心地系统格局与形成机理研究[J].经济地理，2011（5）：724-729.

附录

东北地区边境旅游调研问卷

亲爱的旅游者：

您好，为了研究东北地区边境旅游地域系统的旅游需求、旅游通道、旅游供给等特征，现对边境旅游的相关内容进行旅游调研。感谢您在百忙之中为我填写这份问卷。填写问卷我们会送上最有特色的小礼物！

1. 您的职业是（   ）。

    A. 学生　　　　　　　B. 上班族　　　　　　　C. 其他

2. 您的性别是（   ）。

    A. 男　　　　　　　　B. 女

3. 您的年龄（岁）是（   ）。

    A. 18 以下　　　　　　B. 18~27　　　　　　　C. 27~35

    D. 36~60　　　　　　　E. 60 以上

4. 您的学历是（   ）。

    A. 初中以下　　　　　B. 初中　　　　　　　　C. 高中

    D. 大专　　　　　　　E. 本科　　　　　　　　F. 本科以上

5. 您的职业是（　　　）。

  A. 机关和事业单位管理人员

  B. 私营企业主

  C. 专业技术人员

  D. 大中型企业高中层管理人员

  E. 商业服务业人员

  F. 进城务工人员

  G. 产业工人

  H. 农业劳动者（农林牧渔）

  I. 无业

6. 您的个人月收入（　　　）。

A. 2000 元及以下	B. 2001~3000 元	C. 3001~5000 元
D. 5001~8000 元	E. 8001~12000 元	F. 12001~20000 元
G. 20000 元以上		

7. 您会选择同谁一起出游（　　　）。

A. 朋友	B. 家人	C. 恋人
D. 自己单独出游	E. 其他	

8. 您平时外出旅游的频率是（　　　）。

A. 每月一次	B. 每三个月一次	C. 每六个月一次
D. 每九个月一次	E. 每年一次	F. 不定期

9. 您通过怎样的形式外出旅游？（单选）（　　　）

A. 随旅行社出游	B. 自助旅游	C. 组织出游
D. 其他		

10. 您出游时，优先选择哪种交通工具？（　　　）

A. 飞机	B. 火车	C. 汽车
D. 轮船	E. 自驾	F. 其他

11. 您可以接受的旅游地消费价格范围是（　　）元。

    A. 200（含）以下　　　B. 200~500（含）　　　C. 500~1000（含）

    D. 1000~1500（含）　　E. 1500~3000　　　　　F. 3000 以上

12. 您出游前都通过哪些渠道了解旅游信息？（　　）

    A. 宣传单　　　　　　B. 网上宣传　　　　　C. 好友介绍

    D. 旅行社　　　　　　E. 其他

13. 出游时，您愿意游玩的时间天数为（　　）。

    A. 一天　　　　　　　B. 二天　　　　　　　C. 三天

    D. 四天或以上

14. 您出游的目的是（　　）。

    A. 调节心情　　　　　B. 欣赏风景　　　　　C. 增长见闻

    D. 考察学习　　　　　E. 锻炼意志　　　　　F. 其他

15. 你觉得当代导游需要具备哪些素质?（　　）

    A. 文化素养高　　　　B. 服务态度好　　　　C. 适应能力强

    D. 经验实践足　　　　E. 其他

16. 珲春边境旅游景点你最喜欢哪一个?（　　）

    A. 防川风景区　　　　B. 图们江国家森林公园　　C. 八连城遗址

    D. 玄武岩柱石　　　　E. 萨其城　　　　　　F. 龙虎石刻

17. 吉林省的边境旅游城市你喜欢去的有哪些?（　　）

    A. 珲春　　　　　　　B. 延吉　　　　　　　C. 集安

    D. 龙井　　　　　　　E. 图们　　　　　　　F. 和龙

    G. 白山

18. 丹东的旅游景点你喜欢哪些？（　　）

    A. 大鹿岛　　　　　　B. 鸭绿江　　　　　　C. 凤凰山

    D. 抗美援朝纪念馆　　E. 五龙背温泉　　　　F. 其他

19. 黑龙江省的边境旅游城市你喜欢去的有哪些?(　　　)

  A. 黑河　　　　　　B. 绥芬河　　　　　　C. 牡丹江

  D. 穆棱　　　　　　E. 漠河　　　　　　　F. 大兴安岭

  G. 饶河县　　　　　H. 同江　　　　　　　I. 密山

  J. 其他

20. 内蒙古的边境旅游城市你喜欢去的有哪些?(　　　)

  A. 满洲里　　　　　B. 二连浩特

  C. 阿尔山　　　　　D. 额尔古纳

21. 您会选择何时出游?

	特别好的时候	比较好的时候	好的时候	比较不好的时候	特别不好的时候
周末					
假期					
国庆					
五一					
任何时间					

22. 在外出旅游过程中,您所关注的服务要素按程度分包括:

	特别关注	比较关注	关注	比较不关注	特别不关注
住宿					
餐饮					
娱乐					
购物					
交通					
导游					
其他					

23. 您对以下边境城市出行选择的优先次序是：

	第一选择	第二选择	第三选择	第四选择
东北边境旅游城市				
西南边境旅游城市				
西北边境旅游城市				
东南边境旅游城市				

24. 对东北边境旅游城市中您出行选择的优先次序是：

	特别想去	比较想去	想去	比较不想去	非常不想去
珲春					
延吉					
满洲里					
丹东					
阿尔山					
漠河					
绥芬河					

25. 对东北边境旅游城市中您出行的选择的优先次序是：

	第一选择	第二选择	第三选择	第四选择
吉林省边境城市				
辽宁省边境城市				
内蒙古边境城市				
黑龙江边境城市				

26. 对以下东北地区边境旅游城市中的服务您的态度是：

	特别满意	比较满意	满意	不满意	特别不满意
住宿					
游览					
餐饮					
长途交通					
县内交通					

续表

	特别满意	比较满意	满意	不满意	特别不满意
娱乐					
边境景区					
边境旅游吸引物					
总体印象					

27. 您感兴趣的景点为（可以按重要程序排序）：

	特别喜欢	比较喜欢	喜欢	比较不喜欢	特别不喜欢
山水风光					
文物古迹					
民俗风情					
饮食文化					
特产购物					
节庆活动					
边境风光					
文化艺术					

28. 您认为边境旅游中最吸引你的是什么？按重要程度进行排序，由重要到不重要。

	特别有吸引力	比较有吸引力	有吸引力	比较没有吸引力	特别没有吸引力
跨越国界的神秘感吸引力					
界碑有吸引力					
国门有吸引力					
边境购物有吸引力					
游览边境合作区有吸引力					
体验异国风情有吸引力					
在公路头有吸引力					
合作区通关手续简单					